日本企業の国際合弁行動

―トロイの木馬仮説の実証分析―

増補版

千 倉 書 房

は し が き

　ギリシア神話に出てくる「トロイの木馬」とは，ギリシア勢がトロイ（トロイア）を陥落させるために用いた，木馬の形をした巨大な装置である。

> 「小アジア西端のトロイア（英語でいうトロイ）とギリシアの間に戦争がおこり，膠着状態が10年も続いた。トロイアの守り手ヘクトルもギリシア随一の勇士アキレウスも戦場に散った後，ギリシア軍は巨大な木馬を作ってトロイアの城門の外に置く。外見からはまったくわからないが，その中には大勢の兵士たちが潜んでいた。謎めいた木馬の処置をめぐって賛否両論が起こったが…（略）…結局トロイア人は城内に木馬を引き入れ，戦勝の祝杯に酔う。その夜も更けた頃，木馬の胴体に隠れていたギリシア軍が突如として襲い掛かり，火を放つ。かくして，さしもの難攻不落を誇ったトロイアもあえなく落城する。」

（西村，2005；218ページより）

　経営学の分野でもこの「トロイの木馬」のたとえが用いられている。提携パートナー（おもに海外の競合企業）の占有している市場に参入するために，企業は提携を「トロイの木馬」として利用している，という見方である。このような見方は，G. Hamel らによって提唱され，トロイの木馬仮説（Trojan Horse Hypothesis：THH）と呼ばれている。

　THH 論者は，THH 的な企業行動は，欧米パートナーとの提携でみられる日本企業の特徴だと述べている。その内容はこうである。まず，日本企業は欧米企業との国際提携において，パートナーの保有する技術や知識を学ぶことを第一の目的としている。学習能力に長けた日本企業は，短期間で欧米パートナーの技術や知識を効果的に学習し，それらを自社能力の一部とする。そして，欧米パートナーから学習した日本企業にとって，当該パートナーとの提携は不要となる。このため，日本企業は提携を即座に解消する。つまり，日本企業は欧米企業よりも提携パートナーから学習する能力が優れており，提携を短期間で解消する傾向がある，というのが彼らの主張である。

　このような THH 論者の見方について，とくに提携の継続・解消にかかわるパートナーシップ行動の観点から，国際合弁データを用いて実証することが，本書の目的である。

　本書の内容は，私とティルバーグ大学 Jean-François Hennart 教授との共同研究をベースとしている。この共同研究は，私が2003年にオランダに研究滞在した折に，同氏と議論する中ではじまった。「日本企業は欧米企業にとって良い提携パートナーではない」という THH 論者の主張にたいする違和感が，本書の出発点である。日本企業の提携行動は短期的だという彼らの主張は，日本企業は長期継続的な提携関係を構築する，という部品取引関係の研究等で得られた知見とは相容れなかった。本書が，THH 研究とそれ以外の組織間関係の研究との間にあるギャップを埋める，またはそのギャップの意味を理解するうえで，少しでも貢献できれば幸いである。ただし，本書には多くの課題が残されている。不十分な分析や議論が含まれているかもしれない。拙い著書ではあるが，今回の上梓をひとつの節目として，今後の研究の出発点としたい。

　共同研究の初期には，パイロット・スタディとして電気機器産業における日米合弁を分析した。先行研究の検討に加えて，国際合弁データの収集・分析の可能性についても検討し，そこでの試行錯誤が後の研究でも大いに役立った。続いて，製造業全般の国際合弁（日米合弁と日欧合弁）データの構築と分析をおこなった。その中の日欧市場における日欧合弁の分析が，本書のおもな内容となる。加えて，日本市場における日米合弁の分析結果の一部も，本書の補章に掲載した。なお，本書と関連する公表論文と研究発表については，付記を参照いただきたい。

　本書の執筆にあたり，多くの先生方に御礼を申し上げなければならない。

　Hennart 氏からは，共同研究の成果を，本書の一部として出版することを快諾いただいた。本書の議論は，同氏らが1999年に *Strategic Management Journal* 誌で発表した論文 "'Trojan Horse' or 'Workhorse'? The

evolution of US-Japanese joint ventures in the United States"にもとづい
ている。「トロイの木馬仮説」の言葉もこの論文で最初に使われた。この論
文，そして同氏との出会いがなければ，本書は存在しなかったであろう。国
際ビジネスの研究分野で高名な同氏ではあるが，はるかに年下の私に対して
対等な共同研究者としてこれまで接していただいている。また，常に研究に
真摯に取り組むことの大切さも同氏から教えていただいている。

　本書にかかわる論文執筆や研究発表を国内・海外でおこなう中で，多くの
方々からアドバイスやご支援を頂戴した。

　加護野忠男先生（神戸大学）には，大学院時代から一貫して温かいご指導
とご支援を賜っている。本書の内容についても，数多くの有益な助言をいた
だいた。心より御礼申し上げたい。

　浅川和宏先生（慶應義塾大学），井上達彦先生（早稲田大学），金井壽宏先生
（神戸大学），加藤厚海先生（広島大学），加藤　節先生（成蹊大学），上林憲雄
先生（神戸大学），坂下昭宣先生（神戸大学），清水　剛先生（東京大学），延岡
健太郎先生（一橋大学），原　拓志先生（神戸大学），真鍋誠司先生（横浜国立
大学），深山　明先生（関西学院大学），安室憲一先生（大阪産業大学），山田幸
三先生（上智大学），吉村泰志先生（帝塚山大学），Aswin　van　Oijen 先生
（University of Tilburg），Andre Sammartino 先生（University of Melbour-
ne），David Faulkner 先生（University of London），David Merrett 先生
（University of Melbourne），Gabriel Benito 先生（BI Norwegian School of
Management），Howard Dick 先生（University of Melbourne），Tom Rhoel
先生（Western Washington University），Pierre - Xavier Meschi 先生
（Universite de la Mediterranee），Tharsi Taillieu 先生（University of
Leuven），Robert DeFillippi 先生（Suffolk University），Xavier Martin 先
生（University of Tilburg）からは，有益な助言やご支援をいただいた。

　大阪市立大学大学院経営学研究科の先生方にも感謝を申し上げたい。私の
在外研究や研究発表，Hennart 氏の大阪市立大学での滞在研究にたいして，
常に温かく見守っていただいている。また，本書の出版に際しては，大阪市

立大学大学院経営学研究科から刊行助成を受けた。このような恵まれた研究環境があったからこそ，本書を完成することができた。ここに記して感謝申し上げる。

（財）全国銀行学術研究振興財団，（財）石井記念証券研究振興財団，（独）日本学術振興会（若手研究 B)，（財）国際文化会館（新渡戸フェローシップ)，（財）村田学術振興財団，からは，本書の研究にたいしてご支援いただいた。

実務家や政策担当者の方々からも多大なご協力・ご支援をいただいた。本書は公刊データを分析しているが，事実の確認や不足情報の入手のため，そして理論構築の参考とするため，数多くの企業にご協力いただいた。中には，30年近くも前の話を聞くために，退職した方々への問い合わせやインタビューのアレンジまでしていただいたところもある。国内・海外の公的機関（政府機関や大使館，商工会議所，JETRO 等)，業界新聞や業界団体，図書館の方々からも貴重な情報を提供いただいた。大阪市立大学の同窓会組織である有恒会，大阪市立大学の図書館である学術情報総合センターの方々には，貴重な時間を割いて調査にご協力いただいた。一人一人のお名前をあげることはできないが，改めて深く感謝する。

本書の出版を快く引き受けてくださり，入念な編集と校正，適切なアドバイスでお世話いただいた千倉書房の関口 聡氏と川口理恵氏に，厚く御礼申し上げる。

最後に，私事ではあるが，これまでの私の研究生活を支援し，理解してくれた父と母，私の研究活動にいつも協力してくれている妻と娘達に感謝したい。

2009年 9 月　兵庫県西宮市の自宅にて，球場の歓声を聞きながら

石　井　真　一

目　　次

第1章　本書の目的と意義

1　本書の目的

　本書は，複数のパートナー企業が共同で出資・運営する合弁または合弁企業（Equity joint venture）に焦点をあてる。

　第二次大戦後に数多くの日本企業が奇跡的な発展をとげ，その中にはすでにグローバルな事業展開を果たしたところも少なくない。このような日本企業の戦略や行動にかんする研究が，内外でこれまで蓄積されてきた。しかしながら，日本企業や日本市場の特性については，世界的に十分に理解されているとはいい難い。

　本書の第1の目的は，日本企業の合弁行動にかんするトロイの木馬仮説（Trojan Horse Hypothesis，以下ではTHH）の実証分析をおこなうことである。THHは1980—90年代にG. HamelやR. Reichらの研究において議論された。とくに，G. Hamelが提示したTHH的な合弁行動モデルは，『コア・コンピタンス経営』（Hamel and Prahalad, 1994）などでみられる組織能力にかんする議論と密接にかかわっている。豊富な日本企業の事例をもとに，企業が知識を組織的に活用する能力として提示されたコア・コンピタンスの概念は，今日でもなお学術と実践の両面で大きな影響をもつ。彼らはコア・コンピタンスの議論において，合弁パートナーは相互に相手から知識を学ぶうえで競争関係にあり，この学習競争に勝つことは現代企業が組織能力を構築するうえで鍵となる，と主張した。THH論者たちが提示したこの学習競争的な見方は，基本的に日本企業が欧米企業との間で実施した合弁や提携の事例をもとに提示されたものである。彼らによると，国際合弁における欧米パートナーからの学習が，日本企業の組織能力の構築における有力な経路の

ひとつとなり，それが日本企業の急成長をもたらした。同時に，合弁パート
ナーからの学習のみを優先し，この目的を達成したのちに合弁から即時退出
する，というのが日本企業の合弁行動の特徴だ，と彼らは指摘した。

　第 2 章でもみていくように，このような THH 論者たちの主張のうち，
とくに合弁における企業の学習行動にかんする議論は，THH 研究以外の研
究にも影響を与えている。たとえば，組織の知識にかんする組織吸収力
(absorptive capacity) の研究に代表される組織間学習の諸研究は，そのひと
つである。また，THH 論者たちの主張した日本企業の組織間学習の能力の
高さについては，部品取引関係の研究などで実証されている。

　一方で，THH 研究で論じられた合弁の継続・解消にかかわる行動（パー
トナーシップ行動とよぶ）については，十分な検証がなされていない。とく
に，日本企業が短期的な合弁解消行動をとる，という THH 論者の主張は
再検討の余地があることを，Strategic Management Journal 誌の掲載論文
(Hennart et al., 1999) で J.-F. Hennart らが実証した。日本企業の合弁パー
トナーシップ行動にかかわる THH 的な見方を検証したのは，日本人では
なく，日本企業を観察してきた外国人研究者たちであった。この研究に続い
て同氏と本書の筆者が共同で日本企業の合弁行動分析を開始し，企業の属性
別および市場別の分析へと発展させた研究が，本書のもととなっている。

　また，THH 論者の学習競争的な見方を検証することは，本書のもっとも
重要な研究目的であるが，本書はそのように限られた領域での貢献だけを意
図しているのではない。本書では企業の合弁行動について，企業の国際戦略
における位置づけや組織能力の構築，外部連携の継続性といった観点からも
考察する。この点で本書は，組織間関係論や国際経営論，組織能力論といっ
た研究分野ともかかわっている。

　さらに，本書でとりあげる国際合弁は，経営学の理論的問題だけでなく，
企業経営における実践や経済開発という政策の側面とも深くかかわっている。
たとえば，日本企業が欧米パートナーから学習して合弁を短期的に解消する，
という THH 論者による指摘は，これまではほとんど検証されていない。日

本企業は合弁パートナーとして好ましくない，という彼らのメッセージがもし正しくないならば，日本企業や欧米企業は本来なら協力できたかもしれない多くの機会を逃している可能性がある。本書でTHH的な見方を検証することで，企業が合弁の実施をよりよく検討するための判断材料を提供できるかもしれない。

　また，本書の分析は，従来一般的に論じられてきた国際合弁の短命性の検証にもつながる。とくに，本書では合弁というパートナー間の共同出資の形態が解消されることだけではなく，その解消パターンにも注目する。これによって，合弁の組織あるいは事業活動という側面も含めた合弁の継続性を分析できる。このことは，経済開発という政策面での国際合弁の評価という問題ともかかわっている。一般に国際合弁は，完全子会社などと比べて継続性の点で脆弱だといわれている。確かに，独立パートナー間で共同運営をおこなう合弁は，完全子会社よりも短命だという主張は納得できるものである。しかし，国際合弁によって海外進出を果たす国内企業や，対内投資をおこなう外資系企業も存在し，単独では対外・対内投資が不可能でも国際合弁によって可能となる場合もある。しかも，国際合弁として設立された事業組織は，パートナー間で合弁関係が解消されても，一方のパートナーがその合弁を完全子会社化して合弁における事業活動が続くこともある。その場合は，国際合弁は企業の新たな成長あるいは地域経済の発展の機会をもたらす，と経済政策の点では評価できる。このような側面から国際合弁をとらえるには，合弁解消の形態（完全子会社化や清算・破綻，合弁株式の売却）の変化を分析する必要がある。しかしながら，そのような研究はあまりみられない。とくに，わが国では三角合併の解禁などにみられるように，経済活性化の担い手として外資系企業が近年注目されている。外資系企業の事業展開を促す環境を整備するうえで，外資の投資戦略や組織への理解は不可欠である。本書における合弁事業の発展・解消プロセスの解明は，国際合弁が経済発展において果たす役割の評価にもつながるであろう。

2　戦略的提携の一形態としての合弁

　合弁は，戦略的提携または戦略提携（Strategic alliance）とよばれる企業間の継続的な協働に含まれるひとつの形態である。

　ひとくちに戦略提携といってもさまざまである。たとえば，パートナー間で直接出資関係を結ぶ資本提携がある。資本提携には包括提携とよばれるパートナー間の全面的な協力関係をともなうこともある。また，具体的な提携の内容は，共同開発や共同生産，共同販売，委託生産やライセンス生産，OEM（Original Equipment Manufacturing），製品や資材の共同輸送など多岐にわたる。提携パートナーの数でみれば，二社間の提携もあれば，多数のパートナーが参加する提携もある。

　また，提携パートナーの組み合わせもバラエティーに富んでいる。たとえば，部品取引関係のようにパートナー間の主要事業が，一方の産出物（アウトプット）が他方の投入物（インプット）となる関係であれば垂直的提携とよばれる。また，市場で製品やサービスが競合関係にあるパートナー間の提携や，異業種パートナー間の提携もある。これらのうち垂直的提携にあてはまらないものは，水平的提携とよばれることもある。近年では企業が大学や公的機関，非政府組織などと組む提携もよくみられる。

　さらに，企業が戦略提携をおこなう理由も多様である。たとえば，企業は戦略提携をつうじてパートナーの経営資源を活用する，あるいはパートナー間で設備投資や技術開発のコストやリスクを共有することで，製品やサービスの優位性を高めることができる。また，戦略提携をつうじてパートナーの技術やノウハウを学んで，自社の組織能力の一部とすることもできる。社内ではなく，外部と協力することのメリットもある。たとえば，他社を利用すれば，競争原理がはたらいてコストを減らせる，あるいは専門能力を利用できる，というのはその典型である。

3　本書における合弁

では，戦略提携の一形態としての合弁はどのように定義されるのだろうか。小学館の『日本国語大辞典（第二版）』(2001) によると，「合弁」は次のように説明されている。

> 「共同で事業を経営すること。また，外国資本との提携。とくに，もと中国で，外国資本との共同経営をいう。」（第五巻・437ページ）

また，同書では「合弁会社」について次のように説明されている。

> 「外国との共同出資や共同経営の形で設立，運営されている会社。もとは革命前の中国で，外国資本と中国資本との共同企業をいう。合弁企業。」（第五巻・437ページ）

大阪市立大学経済研究所編集による『経済学辞典（第 3 版)』(1992) をみてみると，「合弁企業」は以下のように説明されている。

> 「2 つ以上の企業が共同して出資し経営する企業。共同会社（joint company）ともいう。国内企業相互の共同によるものと，国内企業と外国企業との共同によるものとに分けられるが，とくに後者だけが〈合弁〉企業といわれることもある。また，政府や地方自治体と民間企業との共同によるものは公私混合（合同）企業，あるいは第 3 セクターとして特殊に扱われる。…」（406ページ）

さらに，少し古い文献『社交用語の字引：新しい言葉・通な言葉・故事熟語』(鈴木，1925) においては，「合辦（がふべん）」の説明が以下のように書かれている。

> 「辦は力をつくすことで，資本や勞力を共に出し合（あ）ふことです。例へばワシントン會議に於て，山東の鑛山（くわうざん）は日支合辦で經營することに協議（けふぎ）がまとまつたといへば，日本と支那（しな）とが共同で山東省にある鑛山を採掘（さいくつ）することになつたといふことです。」（74ページ）

　このように，合弁または合弁会社の定義は，企業間の共同出資による企業またはその経営をさす。しかし，定義によっては国内企業と海外企業との共同出資の企業だけを意味することもある。また，これとは逆に，戦略提携と同じく多様な企業間協働の形態が合弁に含まれる場合もある。実際に，合弁は英語では一般に Joint venture と表現されるが，これを戦略提携 Strategic alliance とほぼ同様に，幅広い企業間協働の形態を含む概念として論じる研究もある。本書では読者の誤解を避けるために，合弁または合弁会社をパートナー（私企業）間の共同出資会社を意味する Equity joint venture に限定して用いる。

　ただし，本書の議論の範囲はたんに合弁だけにとどまるのではない。分析対象はパートナー企業が共同出資する合弁，および合弁におけるパートナー企業の行動である。しかし，そこから得られる知見は，先述したより幅広い研究領域や実践・政策上の問題とも密接にかかわっている。

　また，おもな分析の対象は，日本企業と海外企業（とくに欧米企業）との間でおこなわれる国際合弁であるが，国際合弁を分類する枠組みは第3章であらためて提示する。

4　合弁パートナー間の経営資源の補完

　合弁については次章でみていくように，これまで理論的観点から多くの研究がおこなわれ，企業が合弁をおこなう目的や企業の合弁行動について多様な説明がなされてきた。しかし，それらの研究では合弁に対してある程度共通する理解もある。それは，合弁をおこなう各パートナーはそれぞれことなる経営資源をもち，各パートナーの経営資源が合弁において投入されるあるいは組み合わされる，という理解である。たとえば，海外パートナーと現地パートナーとの間で実施する国際合弁では，現地パートナーは現地の顧客情報や取引ネットワークを提供し，海外パートナーは技術や海外市場の情報を提供することが多い，といわれている。各パートナーがもつそれらの知識を

合弁の事業活動で組み合わせることが，各パートナーがその国際合弁を実施する前提となっているともいえよう。もっとも，次章以降で述べるように，合弁における各パートナーの資源投入の機会を，各パートナーがどのように利用するか（合弁事業のみで活用するのか，あるいはパートナーから学ぶ機会とするのか）という側面についてはいくつかの解釈がなりたつ。しかしながら，いずれにせよ合弁では各パートナーの保有する経営資源が組み合わされ，そのことを前提として各パートナーが合弁を実施すると一般に理解されている。

　もちろん，各パートナーの経営資源を組み合わせる，という前提とはことなる論理で成立する合弁も存在する。たとえば，たんに規模の経済性を追求するためだけに合弁工場や資材調達のための合弁会社を設立する場合がそれである。しかし，規模の経済性の追求を目的とした合弁でも，何らかの形でパートナー間の技術やノウハウが補完的に活用されるケースは多いと思われる。したがって，大半の合弁においては，程度の差はあれ，各パートナーの経営資源，とくに技術や知識の投入がおこなわれると考えることができるだろう。

　ただし，合弁における各パートナーの経営資源の組み合わせは，各パートナーが期待するとおりに実現されるとは限らない。Hennart and Zeng（2005）によると，合弁には各パートナーが共同で管理するという特徴と，合弁における各パートナーの貢献度を前もって正確に知ることができないという特徴がある。とくに後者の特徴については，たとえば，国際合弁で現地パートナーが提供する現地の顧客や人材管理にかんするノウハウには，表現しにくい暗黙的なものも含まれる。それらの内容を海外パートナーが事前に正確に評価するのは難しい。

　また，Hennart and Zeng（2005）は，この合弁においてパートナーが提供する資源の事前評価の難しさを補うための，もうひとつの特徴が合弁にあるという。それは，合弁に対する各パートナーの貢献に応じて，事後的に合弁のうみだす利益を分配する仕組みである。合弁において各パートナーは，相手の利益を犠牲にしてでも自社の利益を最大化しようとする機会主義的な行

動をとる可能性がある。各パートナーの貢献度を事前評価しにくい合弁において，このようなパートナーの機会主義的行動を抑制する方法として，パートナーの貢献に応じて合弁利益を事後的に分配する仕組みがある（Hennart, 1988）ともいえる。また，各パートナーの貢献度に応じた合弁利益の事後的な配分は，各パートナーが合弁において提供する資源の最適化にもつながる。各パートナーが合弁の創出する最終利益にコミットすることで，各々が提供する資源に対する過度な見返りを要求する，または各々が過小な資源しか提供しないという行動は抑制されるからである。これらは，合弁において各パートナーの保有資源の補完をうまくおこなうための特徴なのである。

　しかしながら，このようなパートナー間の経営資源の補完を支えるメカニズムとしての合弁にも，さまざまな問題がある。たとえば，合弁がパートナー間で共同運営されるために，単独企業が運営する完全子会社よりも，管理が複雑で非効率になりやすい。また，事後的に評価される各パートナーの合弁への貢献度も，すべてが明確になるわけではない。とくに暗黙的なノウハウやスキルの貢献は測定そのものが難しい。そのためにパートナー間で，合弁へのお互いの貢献度にかんする認識のギャップが生じ，それがパートナー間のコンフリクトにつながるおそれがある。さらに，合弁において一方のパートナーが提供した知識を，他方が学習して，自社単独の事業で活用できるようになれば，後者にとってその合弁は不要となるかもしれない。つまり，合弁において各パートナーが資源，とくに知識を提供することは，合弁の終了につながる側面ももちあわせている。これらの問題については，次章以降でくわしくみていく。

5　日欧合弁を分析する理由

　ここで，本書において，日本企業が海外企業，とくに欧州企業と実施する日欧合弁を中心に分析する理由を述べておこう。

　第1に，本書で検証するTHH研究の学習競争的な見方は，基本的に日

本企業が欧米企業との間で実施した国際合弁における合弁行動にかんするものだからである。とくに，日米合弁（米国市場）については，Hennart et al.(1999) が，すでに実証研究をおこなっている。米国市場の日米合弁にかんしては，この研究以外にもすでにいくつかの実証研究がみられる。一方，日欧合弁について，THH 理論を検証した研究はみあたらない。同時に，日欧合弁にかんする実証研究の蓄積は，日米合弁と比べて非常に少ない。ただし，比較的研究蓄積が少ない日本市場における日米合弁については，本書の補章で分析結果の一部を示す。

　第2に，日欧合弁は市場間の合弁行動比較を念頭においた本書の分析手法に適している。日本企業と海外企業の国際合弁行動を比較分析するには，日本市場と海外市場の双方において，一定の国際合弁のデータ数が必要である。次節でみていくように，近年の日本企業の海外直接投資はアジア，北米，欧州の順で多く，これらの市場ではある程度の日系合弁会社が存在すると思われる。一方，日本における対内直接投資では，北米系企業と欧州系企業の数が多く，アジアやそれ以外の地域の外資系企業は非常に少ない。よって，国際合弁の市場間比較では日米合弁と日欧合弁がもっとも適していると考えられる。

　第3に，近年の EU 地域では各国が独自の経済政策をおこないつつ，域内での市場統合が進んできたことである。各国の市場や企業の特性に違いがある中で，巨大な統合市場が誕生した EU は，日本企業の海外戦略において重要な市場の1つとして位置づけられてきた。また，世界の各地域でこのようなブロック経済化が今後進むとすれば，欧州以外の地域における外資の直接投資や外資系合弁の動向を理解する手掛かりも得られるかもしれない。なお，本書のデータ分析の開始時期は，1987年という EU の市場統一よりも前の時期である。この時期における日本企業の欧州投資は，資本主義の経済体制下にあった西ヨーロッパ地域に集中していた。本書ではこれら西ヨーロッパ諸国に立地する日欧合弁と，日本市場において西ヨーロッパ諸国の企業が出資する日欧合弁を分析する。

6　対外・対内投資における日欧合弁

6.1　対外・対内直接投資の動向

　続いて，わが国における対外・対内直接投資の観点から，近年の日欧合弁の動向をみていこう。

　図1-1は，わが国における対外・対内直接投資の推移（1995—2008年）を示している。

　図1-1によれば，日本からの海外直接投資額と海外からの対日直接投資額は，ともに近年増加する傾向にある。また，日本からの海外直接投資額は，

図1-1　わが国における対外・対内直接投資の推移

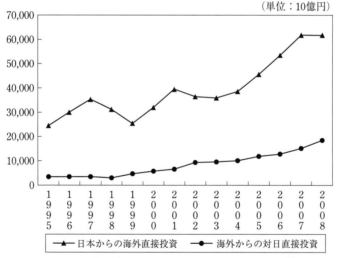

出典：財務省資料「『国際収支統計』における本邦対外資産負債残高の推移（暦年末）」（http://www.mof.go.jp/bpoffice/bpdata/zandaka.htm）より筆者作成。
注：1995年計数のみ証券貸借取引残高を含む。
　　直接投資とは，投資家が他国の企業に対して永続的な経済関係を目的にした投資で，出資割合10％以上の直接投資の総計である。また，1994年以前の財務省報告書に含まれるデータ「対内及び対外直接投資」との連続性はないため掲載していない。

海外からの対日直接投資額を常に上回っている。日本からの海外直接投資額だけでみると，2000年前後の停滞期を除けば増加基調にあり，この背景には日本企業の積極的な海外への事業展開があると思われる。一方，海外からの対日直接投資額も，日本からの対外投資額ほどの伸びではないものの，ほぼ一貫して増加している。とくに，2008年の対日直接投資額については，1990年代の日本からの海外直接投資額にほぼ匹敵する規模となっている。

6.2　対外直接投資における合弁

次に，日本企業の海外直接投資を地域別にみていこう。図1-2は，日系海外現地法人の件数の変化（1987—2008年）を，地域別（北米・欧州・アジア・その他）の割合で示したものである。

図1-2によると，日本企業の海外現地法人ではアジア地域の占める割合がもっとも大きく，1980年代後半には40％を占めている。さらに，アジア地

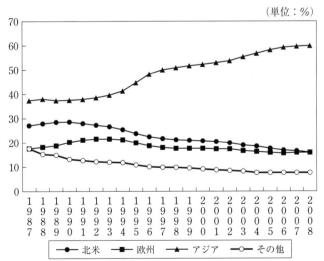

図1-2　日本企業の海外直接投資件数（地域別の割合）

（単位：％）

出典：東洋経済新報社『海外進出企業総覧』より筆者作成。
注：海外駐在事務所なども含む。持分不明および休眠状態の法人は除く。
　　データは東洋経済新報社の調査にもとづいている。

域の割合は2008年にかけて60％まで増加している。アジアに次いで日系現地法人が多いのが北米と欧州である。1980年代終わりから2000年代はじめにかけては，北米が欧州を割合で上回っていた。しかしながら，ここ数年では，両地域の割合はほぼ同じ20％弱となっている。よって，海外市場における日本企業の国際合弁については，アジア，北米，欧州がある程度のデータ数の確保が見込まれる地域である。

　では，本書のおもな分析対象である欧州市場の日系現地法人（製造業のみ）の件数について，出資形態別（100％出資の完全子会社，日本企業の一部出資を含むすべての合弁，二社合弁）の割合の推移（1987—2008年）をみていこう（図1-3）。

　図1-3によると，欧州の日系現地法人全体でみれば，1980年代終わりから完全子会社の割合が一貫して増加し，合弁とこれに含まれる二社合弁の割

図1-3　欧州市場における日系現地法人の件数（出資形態別の割合）

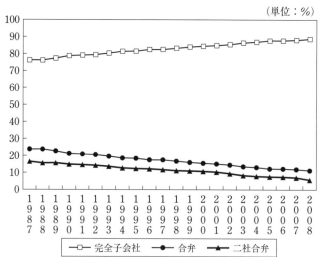

（単位：％）

出典：東洋経済新報社『海外進出企業総覧』より筆者作成。
注：製造業のみ。
　　合弁企業には上場企業への部分出資も含む。
　　データは東洋経済新報社の調査にもとづいている。

合が減少している。一見すると，日本企業の欧州での直接投資における合弁の重要性が低下しているようにみえる。しかし，はたしてそうであろうか。あるいは合弁形態の現地法人の割合が低下する理由は他にもあるのだろうか。これについては，本書のデータ分析をふまえた第6章の議論において，あらためて検討する。

　次に，欧州市場における日系現地法人件数の推移（1987―2008年）について，国別（イギリス，オランダ，フランス，ドイツ，スペイン，イタリア）にみていこう（図1‐4）。

　図1‐4によれば，欧州各国における日系現地法人の件数は，1980年代終わりから1990年代半ばにかけて増加している。この時期に欧州の日系現地法人が増えた要因としては，当時の円高による輸出競争力の低下や貿易摩擦のために，日本企業が生産活動の現地化を進めたことがあげられる。また，EU 域内の市場統合と EU 経済圏の拡大を見越して，日本企業が現地で積極

図1‐4　欧州市場における日系現地法人の件数（国別）

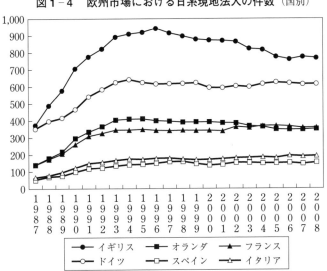

出典：東洋経済新報社『海外進出企業総覧』より筆者作成。
注：製造業のみ。
　　持分不明および休眠状態の法人は除く。
　　データは東洋経済新報社の調査にもとづいている。

図1-5　欧州市場における日系二社合弁の件数（国別）

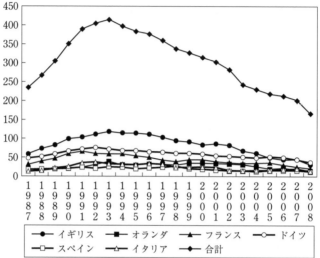

出典：東洋経済新報社『海外進出企業総覧』より筆者作成。
注：製造業のみ。
　　持分不明および休眠状態の法人は除く。
　　データは東洋経済新報社の調査にもとづいている。

的に事業展開をはかったことも考えられる。一方，1990年代後半以降は，各
国における日系現地法人の件数はあまり変化がない。ただし，もっとも日系
現地法人の件数が多いイギリスでは，1990年代後半以降に件数が減少する傾
向がみられる。

　あわせて，本書で分析する欧州各国における日系合弁会社（二社合弁）の
件数の推移（1987—2008年）についてもみておこう（図1-5）。

　図1-5によると，欧州市場における日系二社合弁は，全体でみると1980
年代終わりから1990年代半ばにかけて増加し，その後2008年まで減少傾向に
ある。これは図1-3でみたような，欧州の日系現地法人全体の中で二社合
弁が占める割合が減少してきた傾向とはことなる。おそらく，この違いは当
時二社合弁が増える以上のペースで，これを含む日本企業の現地法人が急激
に増えた（完全子会社の急増による）ために生じたと考えられる。日系二社合
弁の件数の変化は，国別でもいくつかの違いがある。もっとも二社合弁が多

いイギリスでは，件数が1980年代から1990年代半ばまで増加し，その後減少している。二社合弁の数がイギリスに次いで多いドイツやフランスでも，イギリスと同じような増減傾向はみられるが，その変化はイギリスよりも緩やかなものである。また，オランダ，スペイン，イタリアでは二社合弁の数はあまり大きな変化がみられない。

6.3　対内直接投資における合弁

　次に日本市場における外資系企業数の推移（1988―2008年）について，外資比率カテゴリー別の割合でみてみよう（図1‐6）。なお，図1‐6の100％を除いた各外資比率カテゴリーの外資系企業は，一部の上場企業を除けば，その大半は合弁会社である。また，外資比率が100％のカテゴリーには，複数の外資企業が出資する合弁も一部含まれるが，それ以外のほとんどは一社の外資企業による完全子会社である。

図1‐6　日本における外資系企業の件数（外資比率カテゴリー別の割合）

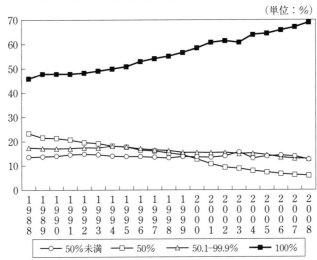

（単位：％）

出典：東洋経済新報社『外資系企業総覧』より筆者作成。
注：データは東洋経済新報社の調査にもとづいている。
　　50％未満，50％，50.1-99.9％のカテゴリーには，一部で上場企業が含まれる。

　図1-6によると，外資比率100%の外資系企業の割合が近年増加している。一方，外資が部分的に出資する企業の割合は減少する傾向にある。これも一見すると，わが国における外資系企業の直接投資では，合弁の重要性が低下しているようにみえる。しかしながら，本書の分析結果を先取りすれば，そのような単純な見方でこの傾向が説明できるわけではない。この問題についても，本書のデータ分析にもとづく第6章の議論であらためて考察する。

　次に，日本における外資系企業の件数について，親会社の地域別割合の変化（1987―2008年）をみていこう（図1-7）。

　図1-7によると，外資系企業の親会社は北米地域の割合がもっとも多い。北米に親会社の拠点がある外資系企業は，1987年には全体の半数をこえていた。しかし，その後はやや減少基調にある。これに次いで多い欧州の外資系企業は，1987年に全体の約40%を占めたが，その後若干の増減を繰り返しながら，2008 年には北米系企業と同水準となっている。北米と欧州に次いで多いアジアについては，1990年代後半までは割合が非常に少なく，10%をこ

図1-7　日本における外資系企業の件数（親会社の地域別の割合）

（単位：%）

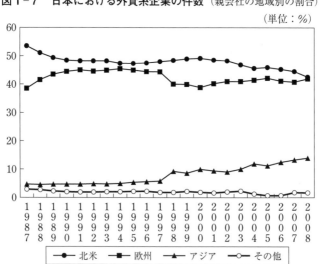

出典：東洋経済新報社『外資系企業総覧』より筆者作成。
注：データは東洋経済新報社の調査にもとづいている。

えたのは1990年代終わりからである。したがって，日本市場における国際合弁の分析では，外資系企業の数が多い北米系，または欧州系のデータの分析が有効だと考えられる。なお，近年増加傾向にあると推測されるアジア系の合弁は，今後有力な分析対象となるかもしれない。

　ここで，欧州系の外資系企業の件数について，親会社の国籍別の推移（1990—2008年）をみておこう（図1-8）。

　図1-8によると，欧州系企業の件数の変化は，親会社の国籍によってことなるパターンとなっている。もっとも数が多いドイツ系企業は，1990年代はじめから半ばにかけて件数があまり変化していないが，1990年代終わりに大きく減少し，2000年代はじめには1990年代の水準近くまで増えている。1990年当時にドイツに次いで多いイギリス系企業は，1990年代から2000年代にかけて減少し，2008年には当初の半数以下に減っている。また，1990年代はイギリスに次いで多かったフランス系企業は，1990年代後半にやや減少す

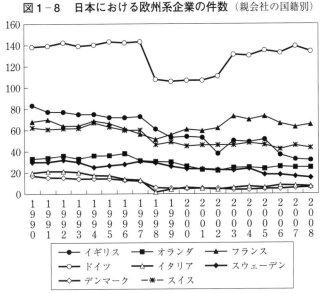

図1-8　日本における欧州系企業の件数（親会社の国籍別）

出典：東洋経済新報社『外資系企業総覧』より筆者作成。
注：データは東洋経済新報社の調査にもとづいている。

るものの，全体的にほぼ同水準で推移し，2000年代はイギリス系企業の数を
上回っている。また，スイス系企業は全体的に減少基調にあるが，イギリス
系企業よりは緩やかなペースで減少し，2006—08年はイギリス系企業の数を
上回っている。当初の件数があまり多くないオランダ系企業とスウェーデン
系企業は，減少する傾向がみられる。とくにスウェーデン企業は件数が半数
程度にまで減っている。当初から数が少ないイタリア系企業とデンマーク系
企業も，2008年にはともに1990年の半数程度まで減っている。

7　本 書 の 構 成

　最後に，本書の構成について述べておく。本書（第 1 章から第 6 章まで）
の構成は図 1 - 9 に示したとおりである。
　第 2 章では，THH 研究と関連研究を検討し，THH 研究における議論の
特徴とその限界について明らかにする。この文献レビューをつうじて，
THH 研究における学習競争的な見方を合弁パートナーシップ行動（合弁パ
ートナーとの関係の継続や解消にかかわる行動）の観点から分析するための方

図 1 - 9　本書の構成（第 1 章から第 6 章まで）

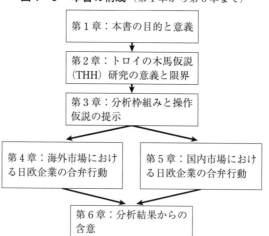

向づけをおこなう。

第3章では，まず，国際合弁における学習競争的な行動を分析するための枠組みと，企業の合弁行動にかんするシナリオを提示する。そのうえで，日本企業が日欧合弁において学習競争的なパートナーシップ行動をとることを検証するための操作仮説を構築する。操作仮説については，日本企業の合弁行動の一般性を分析することを念頭においたものと，日本企業と欧米企業の合弁行動を比較分析することを念頭においたものを提示する。

第4章では，第3章で提示した操作仮説について，日本企業の海外合弁のデータを用いて検証する。検証作業では，欧州市場・日欧合弁における日本企業のパートナーシップ行動の分析と，海外市場・日欧合弁における日欧企業のパートナーシップ行動の比較分析をおこなう。また，これらの分析をつうじて，海外市場における日本企業と欧州企業の合弁行動の特性についても明らかにする。さらに，産業別あるいは国籍別にみられる合弁パートナーシップ行動の違いや，海外合弁でみられる日本企業と欧州企業のパートナーシップ行動の違いについても分析する。

第5章では，第3章で提示した操作仮説を，日本企業の国内合弁のデータを用いて検証する。分析の内容は第4章とほぼ同様である。すなわち，日本市場・日欧合弁における日本企業のパートナーシップ行動の分析と，国内市場・日欧合弁における日欧企業のパートナーシップ行動の比較分析である。また，国内市場における日本企業と欧州企業の合弁行動の特性について，両者の比較分析や産業別・国籍別のパートナーシップ行動の違いの分析をおこなう。

第6章では，第4章と第5章における実証分析の結果をもとに，本書の示唆について理論的な観点を中心に議論する。加えて，本書の実証結果について，実践的・政策的な観点からも考察する。さらに，本書における操作仮説の検証結果や発見事実，データ分析における前提条件等の点から，今後の研究における課題や方向性についても論じる。

なお，図1-9には示していないが，日本市場の日米合弁における日本企

業と米国企業のパートナーシップ行動を分析する，補章1が本書には含まれている。補章1では，THH的な見方から導出した操作仮説（一部を除く）について，日本市場の日米合弁データを用いて検証作業をおこなう。また，産業別の合弁パートナーシップ行動の違いや，日米合弁でみられる日本企業と米国企業の合弁行動の違いについても分析する。また，増補版では補章2を追加し，国際合弁を多国籍企業論や海外直接投資論の観点から理解するための，代表的な研究について概観している。

第2章　トロイの木馬仮説（THH）研究の意義と限界

1　は じ め に

　本章では，R. Reich や E. Mankin，V. Pucik，G. Hemel らのトロイの木馬仮説（Trojan Horse Hypothesis，以下では THH）にかんする研究の特徴と問題点について論じる。とくに，THH 研究における日本企業の合弁行動に対する見方について検討する。また，THH 研究とは対照的な見方を提示した Cooperative Specialization にかんする研究（CS 研究）や，それ以外の組織間関係の諸研究についても概観する。これらをつうじて THH 研究の意義と限界を確認し，THH 研究の実証分析の方向性を検討することが，本章の目的である。

　上記の THH 論者たちは，合弁パートナー間の学習競争的な関係を強調する見方（学習競争論ともよばれる）を提示した。とくに彼らは，一般に日本企業は欧米企業との合弁においてこの学習競争的な行動をとる，と指摘した点で共通している。彼らによると，日本企業は，まず欧米パートナーの知識を学ぶために合弁をおこない，この学習目的を達成して合弁の必要性が低下すれば，即座に合弁を解消する。また，日本企業の学習後に欧米パートナーが合弁の解消に同意しなければ，合弁は継続することになる。このような場合は，日本企業は欧米パートナーとの学習競争で得た交渉力を背景に，より多くの合弁成果の配分をパートナーに要求する。そこで合弁パートナー間の利害対立が起こり，日本企業が欧米企業と実施する合弁は短期的に解消される，というのである。

　一般に，合弁におけるパートナー間の知識移転に着目した組織間学習の研究では，知識移転はパートナー間の同意が前提であると考えられている

(Inkpen, 2000)。しかし，学習競争論では，一方のパートナーが他方の知識を自社に内部化し，自社の組織能力の一部とすることを強調する。そこでは，パートナー間の同意の有無に関係なく，または学習される側が気づかないうちに，パートナー間の知識移転がおこなわれると考えられている。ただし，このような学習競争的な見方を前提にしながらも，THH 研究を広い意味での組織間の学習にかんする研究のひとつとして位置づけることは可能である（石井，2003）。

　また本研究では，複数企業が共同出資する合弁を念頭において議論する。以下で検討する既存研究には，合弁だけでなく，合弁を含む戦略的提携について論じたものも含まれる。しかし，これらの研究では合弁や戦略的提携という形態の違いにかかわらず，組織間協働におけるパートナーの行動に焦点があてられている。企業の合弁行動にかんする実証研究のてがかりを得ることを目的とする本章では，とくに提携と区別する必要がない限り，既存研究を合弁研究として検討する。

2　R. Reich と E. Mankin の研究

　まず，R. Reich と E. Mankin の研究（Reich and Mankin, 1986）からみていこう。これは THH 研究の中でもっとも早い時期に公表され，他の THH 論者たちも引用している。THH 研究の嚆矢（こうし）ともいえよう。彼らは，米国市場における自動車，工作機械，半導体，通信・電話，コンピュータ，家電など製造分野の日米合弁をおもにとりあげている。この論文のポイントは，タイトル "Joint ventures with Japan give away our future" にあるように，日本企業との合弁が米国企業の将来を脅かす，と警告するところにある。

　彼らは，米国企業の将来的な競争力の基盤であるスキルや能力が，日本企業との合弁によって影響を受けることを強調する。そこでは，米国市場の日米合弁（GM-トヨタ，フォード-マツダ，クライスラ-三菱）工場で，設計と生

産技術を日本企業がおもに担当する例をとりあげて説明している。日米合弁において米国企業が日本企業にこれらの中核的な生産活動をまかせてしまえば，米国企業は技術革新や既存の製品設計・生産プロセスの改善について学ぶ機会を失う。とくに技術や製品が複雑化する近年では，社内の開発・生産活動がいったん途絶えてしまえば，のちに当該事業を社内で実施することは難しい[1]。

　彼らによると，米国企業が合弁での製造活動を日本企業に依存する要因として，次の3つをあげている。

　第1に，日米の雇用慣行の違いである。従業員が特定企業で比較的長期にわたって働く日本企業では，従業員の経験が米国企業よりも効果的に蓄積される。また長期雇用によって従業員が競合他社に移籍する可能性も低いため，日本企業は安心して従業員教育に投資できる。こうして高められた日本企業の生産性や品質を米国企業は合弁で利用しようとする。

　第2に，米国企業に求められる収益性である。これについて，彼らは次のように述べている。

　　「米国企業は米国市場で（日本企業）より洗練された生産活動を開始
　　できる。また，日本企業の管理者が作り出す先端的な生産経験と同様の
　　基盤を，米国企業は自社の従業員たちに開発させることもできる。しか
　　し，不幸にも，典型的な米国企業の水準では，こういった投資への収益
　　を確保するための費用を充分に正当化できないことも多い。これはとく
　　に日本企業が（当該活動を）代替しやすい場合にそうである。」
　　　　　　　　　　　　　　　　　　　（Reich and Mankin, 1986；84ページ）

　これに対して，日本企業は長期戦略にもとづいて複雑な製造活動を継続できる，と彼らは指摘している。

　第3に，米国企業が合弁で日本企業に提供する米国内の流通・販売ネットワークは，一定期間を経れば日本企業が自ら代替できることである。このことについて，彼らは次のように説明している。

　　「米国企業は（合弁において）日本企業の生産品に依存する一方で，

米国市場での一部の販売権を日本企業に与え，新たな競合企業の参入を許した。日本企業が占有した家電業界のように，これらの（合弁）合意はトロイの木馬のような役割を果たす。米国企業は日本企業に自社顧客へのアクセスを提供したため，日本企業は米国への単独参入を決め，米国企業の支援で得た評判を基盤として自らの流通網も確立できる。もし日本企業が米国での地位を確立したのちに（合弁の）合意を解消しない場合も，日本企業は流通を担当する米国企業の利益を搾取できる。なぜなら，流通・販売機能は脆弱で代替しやすいからである。」

（前掲書；81ページ）

　Reich and Mankin（1986）が指摘したこれらの米国市場における日米合弁の特徴は，次のように要約できる。まず，米国市場での合弁における米国パートナーからの支援と自らの学習によって，日本企業は米国内の技術や流通へのアクセスを得る。そして，合弁をつうじて米国パートナーから学習した日本企業は，米国で事業を単独展開できるようになる。これに伴い，日本企業にとってその合弁の必要性は低下し，合弁は解消される。もし米国パートナーが合弁解消を拒否して合弁が継続する場合は，日本企業にとって米国パートナーの必要性が低下し，米国パートナーに対する日本企業の交渉力が高まる。この交渉力をもとに，日本企業は米国パートナーに対して合弁利益の自社配分を増やすように要求する。一方，米国パートナーは日本企業の安価で高品質な生産能力に依存し，生産知識を蓄積する機会を失うために，自社の優位性が低下する。このように米国企業の占有する市場に参入するために，日本企業が利用する合弁は「トロイの木馬」である，と彼らはいうのである。

3　V. Pucik の研究

3.1　日本市場における国際合弁の分析

　次に V. Pucik の研究（Pucik, 1988a；Pucik, 1988b）をみていこう。彼はこれらの研究において，製造からサービスまで幅広い分野の合弁について論じ

ている。なお，これらの研究の内容はほぼ共通しているが，Pucik（1988b）
は人的資源管理だけでなく，労働市場や雇用制度も含むより広い観点から議
論している。また，Pucik（1988b）は Pucik（1988a）と比べて，日本企業の
合弁解消を含むパートナーシップ行動の特徴をより明確に指摘しているとい
う違いもある。

　Pucik の研究の特徴は，人的資源管理（Human Resource Management）に
焦点をあてていることである。とくに，長期的な能力構築や人材育成を前提
とする人的資源管理によって，日本企業は合弁において効果的に学習し，欧
米企業にキャッチアップした，と彼は主張する。彼の研究のもうひとつの特
徴は，日本市場における日米合弁や日欧合弁を議論の対象としたことであ
る[2]。彼によると，日本企業は日本市場の国際合弁において欧米パートナー
から技術を学び，それを自社事業でも利用した。そして，日本企業は欧米パ
ートナーの占有する市場に進出し，欧米パートナーと競合関係になった。そ
の中には欧米パートナーが当該市場・産業から撤退したケースも少なくない。

　Pucik は，近年の提携を「新たな提携」とよび，その特徴を伝統的な提携
と区別して以下のように述べている。

　まず，伝統的な提携とは，新たな市場に参入する際に投資やリスクを削減
するための手段であった。これに対して「新たな提携」は，新技術開発のリ
スク分散や他社との開発スキルの補完，自社だけでは実現できない範囲の経
済性の実現や市場支配力の獲得を可能にする。これらは，技術変化のスピー
ドが加速し，グローバルな競争が激化する近年の経営環境において重要にな
っている。この「新たな提携」によってグローバル市場での地位を確立する
うえでは，パートナーのもつ付加価値のある能力（competence）の内部化が
鍵となる。そして，パートナーはたがいに相手の能力を内部化する競争関係
にあり，この競争的協力こそが「新たな提携」の姿だ，と彼はいう。

　しかし，このような競争的関係にあるパートナー間で，相互にウィン―ウ
ィンの成果をあげていくことは容易ではない。ここでパートナー間の補完や
協調関係，または長期的にパートナー双方が満足する成果を前提とする伝統

的な提携と，「新たな提携」が区別される。このパートナー間の学習競争的な側面を強調する提携観は，他の THH 研究と一致している。

3.2　情報資源論

　Pucik は，企業が合弁パートナーから自社に移転する情報的経営資源（以下では情報資源）の概念に着目している。情報資源とは，スキルや知識，技術など企業内でひとびとが蓄積・共有するものと，ブランドや評判，イメージなど，企業における事業活動や顧客・取引先とのやり取りをつうじて企業の外部環境で蓄積されるものを指す。Pucik が国際合弁における学習にかんして，とくに人的資源管理の重要性を強調する理由は，彼がこの情報資源に注目するからである。

　情報資源の議論は，企業特有の資源を持続的な競争優位の源泉としてとらえた資源ベース論に含まれる。資源ベース論のルーツは Penrose（1959）であるともいわれている（大森・松本，2003）。一方で，彼女の研究を資源ベース論の嚆矢とするのは，議論の余地がある（石川，2006）という指摘もある。一連の資源ベース論については，中橋（1994）や大森・松本（2003）などの文献研究があり，本書の議論もこれらの研究を一部参考にしている。

　ここで情報資源の概念について整理しておこう。

　Pucik が引用しているのは Itami（1987）であるが，情報資源の議論は伊丹（1980；1984）や吉原他（1981）において提起されている。これらの研究によると，情報資源は企業の個性をもたらし，競争優位の源泉となる。

　まず，情報資源は企業特殊性が高い。たとえば事業をうまくおこなうための技術やノウハウは，一般にカネをだして外部から購入するようなものではない。これらは事業活動の経験をとおして企業内部でつくりだされ，ひとびとの間で蓄積されていく。それには時間と人手がかかる。

　また，情報資源は個人の単位だけでなく，組織内のさまざまな構成単位や階層で創造・蓄積される。さらに，情報処理特性とよばれる企業独自の組織風土や価値観，考え方などによって，情報資源は組織内で伝達・処理・蓄積

される。その過程で，特定企業において目的を実現し，ひとびとが共有・利用しやすいように情報資源は創造・修正される。ただし，情報資源がある組織においてうまく機能するように企業特殊性が高まると，それは他の組織では適用しにくくなる面もある。

加えて，追加コストをほとんど払わずに組織内で何度も利用できる点も，情報資源が企業の競争優位をもたらす特徴である。情報資源は，ヒトやモノ，カネといった経営資源のように一度使えば目減りするものではない。一度開発した知識や技術を複数の製品や事業で活用できれば，自社全体の製品や事業活動の優位性を高めることができる。

さらに，情報資源は，文書や言葉，図面などの形で形式化しにくいという，無形資産の特性をもち，見えざる資産ともよばれている。この形式化の難しさは，企業特殊性の高さや組織内で複合的に蓄積される性質とともに，外部者が情報資源を模倣するのを困難にする。そして，この情報資源の模倣困難性が，企業の持続的な競争優位性をもたらすのである。

なお，情報資源の多重利用性に着目し，形式化された情報資源についても重視する和田他（1989）の研究もある。しかしながら，彼らは暗黙的な知識やノウハウの果たす役割が大きい製品開発力や戦略形成力なども形式化情報として扱っている（中橋，1994）という指摘もある。たとえば日本企業の製品開発力の基盤である機能横断的な組織管理は，図面や文書，組織図だけでは実現できない。そこでの諸活動は技術者たちの暗黙的なスキルや技能，価値観などによっても支えられている。複数の機能部門間で複雑な調整をおこないつつ，並行して開発作業を進めるうえでは，各技術者が自らの担当職務と密接にかかわる他部門の仕事の内容やプロセスへの理解が鍵となる。この専門領域をこえた知識は他の部署の人々と協働する中で獲得される。さらに，形式化された情報資源は，見えざる資産と比較して，企業外部への流出可能性も高く，持続的優位性の源泉になりにくい（中橋，1994）という面もある。よって，持続的な優位性をもたらす組織能力に着目した THH 研究を検討する，という本書の目的に沿って，われわれは見えざる資産としての情報資

源により注目する。

　これらの特徴をもつ情報資源を合弁パートナーから学ぶうえで，Pucik
（1988a）が注目するのが人的資源管理である。見えざる資産はひとびとをつ
うじて蓄積・共有されるからである。合弁パートナーの能力を獲得するには，
自社のひとびとがパートナー企業や合弁のひとびとと協働する中で知識を学
び，それを自社内で展開できなければならない。人的資源管理は，この組織
内・組織間の協働におけるひとびとの学習やコミュニケーションを促進する
鍵なのである。

3.3　日本企業の人的資源管理と合弁行動

　Pucik は，日本市場の国際合弁において，日本企業は人的資源管理をつう
じて欧米企業から効果的に学習し，それが合弁解消につながると述べている。
彼の説明はこうである。まず，日本企業は人的資源管理の点で，自社が出資
する国内の合弁組織と緊密に連携する。たとえば，日本企業は合弁を自社の
子会社のひとつとみなし，他の子会社と同様に自社から人材を一定の期間合
弁に出向させる。また，同じグループ企業として採用や研修の面で合弁に協
力する日本企業も多い。こういった人的管理をつうじた密接な連携の中で，
日本企業は合弁組織を管理する関係を形成しつつ，欧米パートナーから合弁
に移転された知識を効果的に学習する。さらに，このような人的管理によっ
て，親会社である日本企業との一体感やひとびとの日本企業に対する忠誠心
が合弁組織において高まる。一方，欧米企業は，日本市場の合弁と自社との
人的な関係の構築にはほとんど関心がなく，費用負担の問題や労働市場の特
殊性もあって，合弁の人的管理を日本パートナーに依存してきた。このため，
合弁組織のひとびとは暗黙的に日本側の親会社を欧米側の親会社よりも支援
する結果をもたらし，前者の後者に対する交渉力が高まることになる。また，
合弁組織ではたらくひとびとは日本側親会社の長期戦略を理解して，これを
実現するようつとめる。一方で，欧米側の親会社の合弁に対する要求は，最
小限のレベルでしか実現されない。

　このような状況のもとで日本企業が欧米パートナーから学習し，当該事業を単独展開できるようになると，日本企業にとって合弁を続ける必要性が低下する。一方，日本パートナーに対する技術優位性や交渉力を失った欧米企業は，新たな子会社を日本市場で設立できなければ，合弁解消によって日本市場から撤退せざるをえなくなる。とくに，日本市場における国際合弁では，日本企業が欧米企業よりもはるかに高い学習成果をあげる傾向がある。このパートナー間の学習における不均衡と，そこから生じるパートナー間の交渉力の不均衡が，多くの合弁解消につながった，と彼はいう。伝統的な提携では，長期的で協調的なパートナー間の関係，そしてパートナー間の相互利益の実現が強調された。しかし，そのような長期的・協調的・互恵的なパートナー関係は，一方のパートナーが他方の能力を自社に移転する「新たな提携」ではあまり期待できない。学習競争の関係にあるパートナーのうち，一方だけが他方からうまく学習すれば，パートナー間の力関係の均衡が崩れ，合弁が解消されるおそれがある。とくに国際合弁では，一方のパートナーが他方から効果的に学習して主導権を握ることや，合弁そのもののマネジメントの難しさに加え，この学習競争による企業間関係の変化が短期的な合弁解消につながる，と彼は述べた[3]。

4　G. Hamel らの研究

4.1　学習競争と能力構築

　次に，G. Hamel らの研究（Hamel et al., 1989 ; Hamel, 1991）をみていこう。彼らの研究は，他の THH 研究と同じく，日本企業が国際合弁をつうじて第二次大戦後に発展した経緯を説明するうえで貢献した。少し厳密にいえば，Hamel らの研究には欧米企業との合弁における学習によって第二次大戦後にアジア企業が発展した，という言及もみられる。しかしながら，彼らがとりあげた事例のほとんどは，日本企業が欧米企業と実施した合弁や提

携であった。また，彼らの研究は，他の THH 研究と同様に，日本企業との合弁に踏み込む危険性を指摘した点では実践的な示唆ももっていた。

　理論面では，伝統的なパートナー間の共同の価値創造を重視する見方とはことなる見方を提示した。合弁は取引コスト論や戦略論といった伝統的な議論では，パートナー間の共同価値を創造するプロセスとして理解されてきた。これに対して Hamel らは，他の THH 論者と同様に，合弁パートナーの知識を学び，それを自社能力の一部とすることが，現代企業にとってもっとも重要だと指摘した。合弁をつうじた学習の重要性や難しさは THH 研究だけでなく，Badaracco（1991）など多くの研究でも指摘された。その中でも Hamel らの研究は，合弁パートナーは相互に学習競争の関係にある，という学習競争的な視点から企業の合弁行動モデルを示したところに特徴がある。彼らの研究は，とくに学習競争的な合弁行動を，学習行動とパートナーシップ行動の観点から検討しており，その議論は他の THH 研究よりも精緻化された内容であったといえる。

　ただし，Hamel（1991）では理論の一般化ではなく，理論の開発が研究目的となっていたことには注意が必要である。この研究で彼は，航空，化学，半導体，製薬，コンピュータ，自動車，家電の各産業における 9 つの提携事例（米国パートナー 4 社，欧州パートナー 4 社，日本パートナー 3 社）を調査し，理論開発をおこなった。その上で，これらの事例の中から家電産業における日英提携の事例（日本市場 1 事例と欧州市場 1 事例）を選び，詳細な分析をつうじて合弁行動モデルを精緻化した。他の THH 論者である Reich and Mankin や Pucik は明示こそしてはいないが，日本企業の THH 的な合弁行動にかんする説明やその一般化を意図していたと思われる。一方，Hamel（1991）では日本企業の事例をもとに THH 的な合弁行動モデルを提示してはいるが，それが日本企業の一般的な合弁行動として論じてはいない。ただし，Hamel et al.（1989）では Reich and Mankin（1986）を引用しつつ，複数事例の分析をもとに，日本企業の THH 的な行動によって，合弁の存続が不安定になると主張している。この点で Hamel らは THH 論者として

位置づけられるのである。

4.2　コア・コンピタンス論

　Hamel らによると，現代企業が長期的な競争優位を維持するうえで，コア・コンピタンス（中核能力またはコア競争力ともいう）が不可欠である。コア・コンピタンスは，欧米企業が日本企業にたいして競争力を失った理由を分析した Praharad and Hamel（1990）や Hamel and Prahalad（1994）で提示された概念である。これらの研究をつうじて，日本企業の競争優位をもたらしたコア・コンピタンスを欧米企業は発展させなかったため，欧米企業は競争力を失った，と彼らは説明した[4]。

　コア・コンピタンスの議論は情報資源論と同様に，知識や技術に着目した概念であり，資源ベース論の中に位置づけられる。

　まず，彼らは，コア・コンピタンスについて，次のように定義している。

> 「個々のスキルや組織という枠を超えた学習の積み重ねである」
> 　　　　　　　　　　　（Hamel and Prahalad, 1994；翻訳259ページ）
> 「組織における集団学習であり，とりわけ多様な製造技術をいかに調整し，複数の技術の流れをいかに統合していくかを学ぶことである」
> 　　　　　　　　　　　（Prahalad and Hamel, 1990；翻訳7ページ）

　もう少し具体的なレベルでは，以下のようなコア・コンピタンスについての説明もある。

> 「フェデラル・エクスプレスの持つ宅配便のパッケージ経路や集配というコア・コンピタンスは，バーコード技術，無線通信，ネットワーク管理，線形計画などのスキルを統合したものである。」
> 　　　　　　　　　　　（Hamel and Prahalad, 1994；翻訳258ページ）

　これらの定義や説明にあるように，コア・コンピタンスは個々の知識や技術そのものよりも，それらを束ねた側面に焦点をあてた概念である（中橋，1994；大森・松本，2003）。情報資源は素材としての知識や技術に注目した概念であるのに対し，コア・コンピタンスはそれらの組み合わせや統合活用に

注目した概念である，という違いがある。

　大森・松本（2003）によると，1980年代以降の経営戦略論の理論的関心が持続的優位性の問題に向けられる中で，企業全体の優位性の源泉を求めてコア・コンピタンスの概念が出てきた。それまでの経営戦略論では多角化などによる企業成長に理論的関心が向けられ，個別の事業や製品の優位性が注目されてきた。その中で情報資源やコア・コンピタンスの概念が登場した。また，コア・コンピタンスの議論には，(1)ケーパビリティなどの類似概念が多く議論が混乱気味である，(2)組織の何をどのように測定すればコア・コンピタンスとなるのか特定化しにくい（大森・松本，2003）などの問題がある。

　また，大原（2009）は，Prahalad and Hamel（1990）においては，コア・コンピタンスがいかに蓄積され，どのように事業展開にいかされるのかについての説明がなされない，と指摘している。というのは，Prahalad and Hamel（1990）が，コア・コンピタンスをもとに企業が多角化したことを事後的に説明するという静態的視点をとる（大原，2009）からである。

　一方，伊丹（1984）の見えざる資産（情報資源）の議論では，コア・コンピタンスのこのような静態的な視点とはことなることを，大原（2009）は次のように指摘している。

> 「経営資源の蓄積が必ずしも（多角化に）先行するとは限らず，戦略の実行プロセス，あるいは日常的な業務活動を通じて蓄積される経営資源もまた，企業の多角化プロセスにおいて重要な意味を持っていることが指摘されている」　　　　　　　　　　　（大原，2009；6ページ）

　このように，他の資源ベース論の研究よりも動態的な視点をもつというのが，情報資源論の特徴なのである。

　ただし，後述するHamelらのTHH研究がコア・コンピタンス論の一部を構成すると理解すれば，コア・コンピタンスの源泉として合弁パートナーのもつ知識や技術の学習が想定されているといえる。この点では，コア・コンピタンス論にも動態的な視点が含まれる，ということはできるかもしれない。

ところで，このようなコア・コンピタンスを構築するうえで，合弁をはじめとする他社との提携はひとつの有効な手段である。これについて，Hamel らは以下のように説明する。

　「経営資源のレバレッジ（再利用）を実現するもう一つの方法は，他企業の経営資源を借りることである。提携，ジョイント・ベンチャー，内部ライセンシング，下請け業者を通じて，企業は外部のスキルや経営資源を活用できる。もっとうまくいくとパートナーのスキルにアクセスするだけでなく，実際にスキルを自分のものにすることもできる。これは新しいスキルを手に入れる方法としては一企業をそっくり買収するよりも効率的である。買収の場合，手にしたい重要なスキルだけでなく，すでに持っていたり，戦略上それほど価値があるとは思えないようなスキルも含めておカネを払うことになる。また，買収だと，企業文化の統一や政策の調整といった問題が，提携の場合よりも難しくなる。」

（Hamel and Prahalad, 1994 ; 210ページ）

そして，彼らは提携や合弁でパートナー間の学習競争がおこなわれるとする見方を次のように提起する。

　「川上パートナーは川下パートナーの把握している顧客ニーズ，購入パターン，販売経路を，努力して自分のものにすべきである。だから，提携は学習をめぐる競争でもある。もし川上パートナーが川下パートナーよりも早く特殊スキルを自分のものにできるのであれば，交渉力は否応なく川上パートナーの手に移る。もっと一般的にいえば，学習能力が異なると，交渉力は相手のスキルをより早く消化できる方に生まれる。このパートナーは最終的には関係を解消して独立もできるし，あるいは相手を搾取し続けることもできるのである。」（前掲書 ; 212ページ）

ここに彼らの学習競争的な見方があらわれている。つまり，一方のパートナーの視点に立ち，その企業が他方のパートナーからいかにうまく学習して自社能力の一部にできるかをもっとも重視する。さらに，パートナーからの学習をなしとげた企業は合弁を解消でき，もし合弁が継続する場合はパートナーへの交渉力を背景に相手から搾取できる，というのである[5]。

4.3　学 習 行 動

　ここで，Hamel らが日本企業の事例をもとに提示した合弁行動モデルについてみていこう。この合弁行動モデルは，合弁における学習行動とパートナーシップ行動という 2 つの側面をおもに含んでいる。

　まず，彼らは日本企業の国際合弁における学習行動にかんして 3 つの特徴をあげている。第 1 に，明確な戦略的学習意図をもつことである。第 2 に，外部から社内知識にアクセスするのが難しいことである。一般に日本パートナーにたいして欧米企業は自社の知識を比較的オープンに開示する。一方，日本企業は，欧米パートナーに知識を開示する程度が低く，しかも社内知識も暗黙的なものが多いため，欧米パートナーにとって日本企業の知識の透明性は低い。第 3 に，組織内に外部知識を取り込む能力が高いことである。これらの学習要素が欧米企業よりも優れていた日本企業は，合弁における欧米パートナーとの学習競争で優位にたち，合弁で欧米パートナーから学んだ知識を自社事業にも適用した。このような経緯で日本企業は戦後に飛躍的な発展をとげた，と Hamel らはいうのである。彼らのこのような学習行動にかんする議論は，Lane and Lubatkin (1998) や Lane et al. (2001)，Mowery et al. (1996)，Oxley and Wada (2006) などで引用され，組織吸収力（Absorptive capacity）の研究にも影響を与えた。

4.4　パートナーシップ行動

　Hamel らは，パートナー間の合弁関係の継続・解消にかかわるパートナーシップ行動についても検討している。彼らによると，欧米企業との合弁において日本企業は比較的短期的なパートナーシップ行動をとる。まず，日本企業は合弁において欧米パートナーからの学習を終えると，その合弁を必要としなくなる。このため，日本企業は欧米パートナーの合弁株式持分の買収による合弁の完全子会社化，自社の合弁株式持分の売却あるいは合弁の清算・破綻という，いずれかの合弁解消行動をとる。もし欧米パートナーが合

弁株式の売却を拒否して合弁が続く場合は，日本企業は合弁が自社にもたらす収益配分を高めるように欧米パートナーに要求する。なぜなら，日本企業は欧米パートナーとの学習競争で優位にたち，自らの交渉力を高めるからである。このため，パートナー間のコンフリクトが頻繁に発生し，合弁は解消されてしまう。とくに Hamel らは，伝統的に重視されてきたパートナー間の関係継続や共同成果よりも，パートナーとの学習競争に勝つことによる知識の獲得と，パートナーに対する交渉力の向上，そしてそのことによる合弁成果の自社配分の増加が，現代企業にとって重要だと主張する。合弁パートナーとの関係が短期的に終了したとしても，自社が早期にパートナーから学習すれば，自社能力の構築という目的は達成できるからである。

　しかし，このような日本企業の合弁パートナーシップ行動にかんする THH 論者たちの指摘は，他の研究において明らかにされてきた知見とはことなる。たとえば，日本の部品取引関係における企業間の信頼や企業間協働をおこなうための技能は，長期継続的な関係構築の中で形成される（浅沼，1997；西口，2000；真鍋・延岡，2002）。このような企業間取引にかかわる信頼や技能は，日本の自動車産業や家電産業における競争優位の源泉となってきた。また，Dyer and Nobeoka（2000）によると，トヨタは日本だけでなく米国でも，知識共有と取引をつうじた利益配分にかんする互恵的な部品メーカーとの取引関係を長年にわたって築いてきた。この事例は，日本企業が海外企業との国際的な協働においても長期的なパートナーシップ行動をとりうることを示唆している。

　ところが，一連の THH 研究は，欧米企業との合弁における日本企業のパートナーシップ行動は長期的ではないと主張する。はたしてそうだろうか。これが本書のリサーチ・クエスチョンである。この問題の解明は，Hennart, et al.（1999）の米国市場における日本企業の合弁行動分析によって，THH 的な見方が再検討の余地があることを示したのにとどまっている。とくに，THH 研究における学習競争的な見方は日本企業の合弁行動にかんする内容であるにもかかわらず，わが国ではほとんど論じられていない。Hamel ら

の提唱したコア・コンピタンスの概念について論じる日本人研究者は少なくない。しかしながら，その理論的基盤を部分的に形成する THH 研究について論じた研究は日本ではほとんどみられない。

5　THH 研究にたいする批判

このような THH 研究の学習競争的な見方にたいして，Zeng and Hennart（2002）は以下の問題点を指摘している。

第1に，合弁におけるパートナーからの知識移転が，企業の能力構築における唯一の解決策だと考えている。このことは，学習競争的な見方では，一方のパートナー企業のみを分析単位としていることの問題（Zeng and Hennart, 2002）ともかかわっている。もし一方のパートナーが学習競争的な行動をとれば，パートナー間の協働は成り立たないおそれがある。THH 論者は，企業がパートナーから学習する，同時にパートナーが自社から学習するのを回避する，そしてパートナー間で合弁成果の配分をめぐって競争する，という点を強調する。また，パートナー間の協働の価値を高める側面はほぼ無視されている。企業が実際にこういった行動をとれば，合弁自体が成立しない。現実にはパートナー間の学習や利益配分にかんする競争はありうるが，同時に各パートナーはお互いの知識を出し合い，企業間協働の成果を高めていく必要もある。つまり，これらはパートナー間の知識共有や利益配分にかんするジレンマの問題（石井，2003；Ishii, 2008）としてとらえることもできる。また，学習競争的な行動は自社の評判を低下させ，将来的な合弁パートナーを失うリスクもある（Dyer & Singh, 1998）。この問題は，ネットワークよりも単独企業の能力構築をコア・コンピタンス論が強調することとも関係するかもしれない。THH 的な企業行動のもとでは，日本の自動車部品取引関係のように，ネットワークにもとづく能力構築は難しい。複数企業の単位での競争優位を獲得するには，パートナー間の長期的な関係をベースとした信頼構築や相互知識の補完が不可欠だからである。

　第 2 に，合弁におけるパートナー間の協働効果を高めるための学習につい
て，ほとんど論じられていない。これは，先述したように，学習競争的な見
方では，パートナー間の共同価値ではなく，一方のパートナーがその共同価
値をいかに占有できるかを重視するからである。そこでは，一方のパートナ
ーが他方から効果的に知識を移転する能力が強調される。一方，Hamel ら
のいう伝統的な見方では，パートナー間の共同成果を高めるための関係特殊
技能（浅沼，1997）の形成が重視された[6]。この関係特殊的技能とは，パ
ートナー間の知識を効率的・効果的に組み合わせる能力であり，企業間協働を
つうじて形成され，企業間協働の成果を高める役割を果たす。しかし，
THH 的な見方のもとでは，企業はこの関係特殊技能を重視せず，それへの
投資をおこなわないため，合弁事業の成功は期待できない。さらに，企業間
協働の成果を高めるために投資しない企業は，潜在的な合弁パートナーに対
する自社の評判を失うおそれもある。

　第 3 に，パートナーの知識を内部化する費用が十分に検討されていない。
THH 論者は，パートナーの知識，とくに形式化されない知識もパートナー
との協働を通じて学べると述べている。しかし，個人に内在化され，企業内
でもひとびとの間で移転・共有化するのが容易でないスキルやノウハウを組
織間で移転することは，さらに困難である。また，他社から獲得した知識を
自社で利用するには，当該知識を自社で利用しやすいように修正する，ある
いは自社組織の側がその知識に対して適応する必要がある。このように外部
の知識を学び，利用するにはそれなりのコストがかかる。しかし，THH 研
究が前提とする短期的な合弁パートナーシップ行動では，このような学習が
十分におこなわれるとは考えにくい。たしかに，Hamel and Prahalad（1994）
においてもパートナーから学ぶ知識のタイプによっては時間がかかるという
言及はみられる。しかしながら，欧米パートナーから短期的に学習し，その
直後に合弁解消行動をとる，という日本企業のパートナーシップ行動に対す
る彼らの見方は一貫している。

　第 4 に，学習対象となるパートナーの能力や知識が安定的なものとして扱

われている。しかし，知識や能力は時がたてば進化することもあれば，競争環境の変化によって価値を失うこともある。したがって，一定期間をかけてパートナーから学んだ知識は，自社に適用した時点では十分な優位性をもたらさない可能性もある。だからこそTHH論者の主張するように迅速な学習が重要だともいえる。しかし，内容や価値が変化するパートナーの能力を自社に移転するには，合弁の解消ではなく，むしろ合弁を継続することによってパートナーから学び続けなければならない，ともいえる。

6　CS（Cooperative Specialization）研究

　これらのTHH研究における問題点を指摘したうえで，Zeng and Hennart（2002）はCooperative Specialization（協調的専門化：以下ではCS）という見方を提唱した。まず，彼らは企業が合弁をおこなう目的は，各パートナーが相互の知識にアクセスすることだと理解する。そこでは合弁パートナーは，たがいの資源を組み合わせて創造する価値をもっとも重視し，その価値を高めるためにパートナーは各々の専門能力に特化すると考える。また，この見方ではパートナーの学習自体は否定しない。ただし，それは自社の専門能力の高度化や関係特殊技能の蓄積によって，合弁成果をより高めるための学習であると理解する。そして，各パートナーが合弁に投資して，共同価値にいったんコミットすれば，企業間協働の効率性を追求するために，各パートナーは合弁を継続する，というのである。これはパートナーの占有している市場に将来参入するための学習を強調するTHH的なの見方とはことなる。

　このようなCS研究の見方は，取引コスト理論にもとづいて国際合弁を類型化したHennart（1988）に依拠しており，THH論者たちが指摘した伝統的研究における見方と一致する。R. Coase（1937）によって提唱され，その後，Williamson（1975）が精緻化したのが取引コスト理論である。自社ではない外部組織との市場取引の費用と，自社内での組織取引の費用を比較し，

企業は安い方の取引形態を選ぶと考えるのが取引コスト理論である。

　取引コスト理論では，取引における環境要因（取引の複雑性，不確実性，取引相手の少数性）と主体的要因（取引主体の限定合理性と機会主義的行動）は，取引費用（取引を決めるための情報の収集・処理，取引相手との交渉・契約，取引相手の行動の監視に伴う費用）を引き起こすと考える。市場取引における取引費用と財を購入する価格の合計（市場取引総費用）と，取引を内部化した場合の費用（内部生産における設備投資費用と管理費用）とを比較し，安い方の取引形態を企業は採用する，というのが取引コスト理論の説明である。

　取引コスト理論が生まれた背景には，近代になって，取引を内部化し，（組織内の）権限のメカニズムで成立する組織内の取引が存在する大企業が誕生したことがある。価格メカニズムで成り立つ市場取引が経済学で一般に効率的だとされてきたにもかかわらず，組織内部の取引を伴う大企業がなぜ存在するのかにこたえようとしたのが，この理論である。その後，取引コスト理論の研究では，特定のパートナー間でおこなわれる長期継続的な取引についても，市場取引と内部取引の間にある中間組織として位置づけて議論した。合弁や戦略的提携もこの中間組織に含まれる。

　ここで注意しなければならないのは，取引コスト理論が，パートナー間の協調関係や関係継続性を強調する見方である，とは必ずしもいえないことである。取引コスト理論では，各パートナーが取引相手の利益を犠牲にしてでも自社利益を最大化しようとする機会主義的な企業行動を前提としているからである。このような前提は，パートナー間の取引関係が継続しにくい側面を強調しているともいえる[7]。少なくとも，取引コスト理論が前提とするような，目先の利益を優先するという意味での短期利益を強調する機会主義的行動と，CS研究が強調するパートナー間の共同利益を重視する行動との整合性については，議論の余地がある。

　また，取引コスト理論における費用の観点だけでは，企業間関係の継続性を十分に説明できないという問題もある。

　加護野他（2008）によると，一定の文化や慣習のもとで長期的に取引する

メリットが大きい場合は，取引関係の維持によって得られる利益の視点が重要になる。彼は，そのような例として「三方よし」や「売って悔やむ」という，近江商人の取引における考え方をあげて説明している。

　末永（2000）によると，「三方よし」は他国への行商の心得として，麻布商の中村治兵衛が宝暦4年（1754年）に制定した家訓に示した，と一般に解釈されている。その内容は，「商取引は取引当事者双方のみならず，取引自体が社会をも利することを求めた精神」（末永，2000；209ページ）である。これは，近江商人の取引における基本姿勢ともいえるものである。また，末永（2000）によると，「売って悔やむ」という考え方は，安政3年（1856年）に外村与左衛門家で作成された家訓・店則である「心得書」等に示されている。その内容は，「顧客の望むときに売り惜しみをせず，そのときの相場でもって損得に迷わず売り渡し，先々の値上がりを思惑して売り惜しんではならない」（前掲書；189ページ）という，販売についての心得である。

　これらの精神では，取引主体が自らの利益にとらわれず，顧客や地域社会との関係を続けること自体に価値がおかれている。また，当時の近江商人と取引をした利害関係者は限られており，その比較的狭いネットワーク内で取引できなければ自らの存続が危うくなるという状況も，彼らの取引の継続を促したと思われる。すべての利害関係者はこのようなリスクを考えて，取引相手の弱みにつけこむようなことはしなかった。つまり，ネットワークから排除されるという制裁を受けないようにするために，取引を継続することが，取引主体が存続していくうえでの慣習として定着していたと考えられる。この取引の継続を重視する姿勢は，日本社会における文化や慣習として存在してきたとも理解できる。こういった側面から取引が継続することを説明するには，取引に伴う費用よりは，むしろ取引の生み出す利益の観点が重要ではないか，と加護野他（2008）はいうのである。

　さらに，取引コスト理論における取引費用とは，市場と組織という取引形態の選択に伴う費用であり，企業間協働に伴う費用は十分に考慮されていない（石井，2003），という問題もある。たとえば，取引コスト理論では，パー

トナー間の交渉・契約やパートナー行動の監視，内部の人々の管理の費用については論じたが，パートナー間の協働における組織的な調整費用についてはほとんど論じていない。このような調整費用は組織間協働の管理のあり方によっても増減する。この組織間協働のマネジメントにおいて事後的に発生しうる調整費用は，取引に際して事前に予測される取引コスト理論の調整費用とは性質がことなる。実は，Williamson（1975）は，atmosphere（訳書では「雰囲気」）という価値や道徳観，幸福感といった取引の文脈的状況が，取引の意思決定に影響を与えうることも指摘している。これは，パートナー間で共有される価値観に含むことはできるかもしれないし，組織間協働のマネジメントとかかわる内容といえるかもしれない。しかしながら，Williamson の議論はこの atmosphere ではなく，取引主体や環境の要因に焦点をあてており，取引コスト理論をとりあげた研究でも atmosphere についてはあまり論じられていない。

　以上のことから長期的な企業間関係を説明することは，取引コスト理論では難しい面が残されているといえる。

　しかしながら，CS 研究は企業間関係の継続とそれによる合弁成果の向上を強調するという，THH 研究とは対照的な視角をもっているということはできる。この THH 研究と CS 研究がもつ視角の違いの背景には，それぞれの見方が重視する企業の組織能力にかんする範囲の違いがある。THH 論者は自社単独の範囲での能力構築を重視する。知識や提携成果にかんするパートナー間の価値占有競争において勝つことが強調されるのはこのためである。そこでは，一方のパートナーが他方の知識を学習して，自社単独の範囲での組織能力を構築することを重視し，パートナーから学習すれば合弁は不要になるとされている。このような視点にたてば，合弁パートナーシップ行動は短期的なものとなる。一方の CS 論者は，合弁をはじめとするパートナーとの協働も自社能力の一部としてとらえ，パートナー間で相互の知識を提供しあい，合弁の創出する共同価値を高めることを強調する。また，合弁も含めた自社に関係するネットワーク全体の能力を高めるには，企業間協働におけ

る効率性の向上が重要である。そこで鍵となる関係特殊技能や信頼関係は，継続的な企業間関係をつうじて蓄積・形成される。だからこそ，彼らは長期的なパートナーシップ行動を重視するのである。

7　THH 研究と CS 研究の実践的意味

　もっとも現実のビジネスにおいては，THH 研究と CS 研究が強調する企業行動は別々に存在するのではなく，むしろ混在していると考えられる。たとえば，パートナー間で相互の知識を提供しあえる関係でも，クリティカルな知識や情報を合弁あるいは合弁パートナーに提供する場合は，なんらかのチェックがおこなわれることはあるだろう。あるいは，パートナーのもつ知識を自社に移転した場合でも，それはかならずしもパートナーの占有している製品・サービス市場に進出するために利用されるとは限らない。むしろ，パートナーとの間でよりよく協働していくために，パートナーから得た知識を利用することもある。また，パートナーから学んだ知識をもとにパートナーの占有する市場に参入する場合も，当初はそのような意図をもたずにパートナーと協働することもありうる。経時的に自社の方針や市場の競争構造が変わることによって，結果的にパートナーと競争関係になることもある。

　このように考えると，THH 的な合弁行動と CS 的な合弁行動は，一方が成り立てば他方が成り立たない相互排他的な関係でとらえるのは，現実的ではない。むしろ，実践の場では，これらの合弁行動は同時に成り立つと考えた方が自然だろう。

　ただし，合弁を実施するには，少なくともパートナー間の協働は不可欠である。したがって，CS 的な見方における合弁行動はそもそも合弁をおこなうことの前提条件であるともいえる。もちろん，この場合もパートナー間の学習競争の要素が入り込む余地はある。とくに競合企業がパートナーとなる合弁では，パートナー間でお互いに共有しにくい知識がある中で，相互のすぐれた知識を統合活用して，成果をあげていくことが求められる。このよう

な前提は，日本企業が一般的に学習競争的な合弁行動をとるかどうか，を検証することとは矛盾しない。むしろ，知識共有のジレンマという実践的な課題がある中で，THH と CS のどちらの見方が日本企業の合弁行動をよりよく説明できるかを検証することで，企業の合弁行動にたいするわれわれの理解が深まるであろう。

8　合　弁　短　命　説

　最後に，THH 研究から導出される合弁の短命性について検討する。THH 研究によれば，学習で競争しあうパートナーの関係は不安定であるため，合弁は継続しにくい。自社組織に限定した能力の構築を重視する THH 的な見方のもとでは，パートナー間の共同利益よりも，自社のパートナーからの学習がもっとも優先され，自社の学習が終了すればその企業にとっての合弁の必要性は低下する。このため，自社の一方的な学習行動を優先する THH 的な企業行動をとる場合，一方のパートナーによる合弁の完全子会社化または合弁株式の売却，合弁の清算・破綻によって合弁は解消されることになる（Hennart et al., 1999）。この THH 研究において提示された学習競争的な合弁行動のシナリオについては，第 3 章で詳しく論じる。

　合弁が継続しにくい（Auster, 1986 ; Harrigan, 1988a ; 1988b ; Kogut, 1988）という特性は，THH 研究に限らずさまざまな研究で論じられてきた。たとえば，Kale et al. (2000) や Killing (1982)，Peterson and Shimanda (1978)，Saxton (1997)，Turpin (1993)，Tutti and Cusumano (1994) は，戦略，経営資源，組織文化や言語，慣習，プロセス等がことなるパートナー間ではコンフリクトが頻繁に生じるという観点から，合弁の短命性を指摘した。逆に，戦略や経営資源，組織特性におけるパートナー間の補完性が高ければ，パートナー相互の戦略上の必要性から合弁が継続しやすい（Harrigan, 1988a, 1988b ; Park and Ungson, 1997）という指摘もある。企業の戦略や組織は環境変化に適応しながら変わっていくとするならば，長期間にわた

ってパートナー間の戦略や資源が適合するケースはあまり多くないのかもしれない。また，独立パートナー同士が合弁を共同運営することによって資源配分や利益分配にかんしてパートナー間でコンフリクトが生じる（Khanna, 1998；Larsson, et al., 1998, 石井，2003）という問題も指摘されている。実際にいくつかの実証研究では，海外直接投資においては完全子会社よりも合弁の継続性が低いこと（Hennart et al., 1999；牛丸，2008）も近年指摘されており，合弁短命説は支持されつつあるといえる[(8)]。

　しかしながら，この合弁の短命性が，日本企業のTHH的な合弁行動によるものかどうかはほとんど検証されていない。そして，一般に日本企業が合弁を短期間で解消する傾向があることを示した研究もほとんどみられない。むしろ，日本企業と欧米企業の間の合弁の失敗は，THH論者が指摘する日本側の陰謀や裏切りによってではなく，パートナー間のコミットメントの共有，コミュニケーション，役割・計画の明確化，事業の複雑さ，各パートナーの戦略の変化，文化の相違など提携のマネジメントに特有の問題によって生じる（Turpin, 1993）という指摘さえある。はたして，日本企業は欧米企業との合弁において，THH研究とCS研究のどちらが主張する企業行動をよりとっているのだろうか。

9　結　　論

　本章では，THH研究の文献レビューをつうじて，その特徴と問題点を明らかにした。とくに，THH研究における学習競争的な見方は，日本企業の国際合弁行動にかんする特徴について論じてきた。しかし，このTHH的な合弁行動が日本企業で一般的に観察されることを検証した研究はほとんどない。また，THH的な見方についての理論的な問題点も指摘され，THH研究とは対照的な見方もCS研究によって提起されている。さらに，部品取引関係の研究では，THH的な見方とはことなる長期継続的・互恵的な組織間関係が日本企業の特徴であることも示されている。以上の検討をふまえ，

THH 研究における学習競争的な見方について，日本企業の合弁パートナーシップ行動の点から分析するための枠組みと，操作仮説を次章で提示する。

（1）　この主張自体は間違っていない。しかし，これは自社がどの範囲で事業活動をてがけるかという事業領域の設定の問題である。GM が合弁工場の生産運営をトヨタにまかせたとしても，GM が自社工場で生産活動を続ける限り，生産知識を社内で蓄積できる。問題はその事業活動を自社でおこなわないことによって，社内に経験が蓄積されないことである。たしかに THH 論者も指摘するように，合弁パートナーとの分業のありかたによって学習状況は違ってくるだろう。しかし，欧米企業にとっての問題は，日本企業と合弁で組むことではなく，短期利益をあげるために事業活動を外注化することで，知識を社内蓄積できないことである。本来は，そのような決定をおこなう背景にある問題を問うべきである。ところが，彼らは米国企業で一般に求められる利益水準の高さを指摘し，また，米国企業が複雑な製造活動に投資できるインセンティブの提供や，そのような投資のための企業間協力を促す反トラスト法の緩和等を提言するにとどまっている。しかし，株主第一主義や過度なリストラクチャリング（事業の選択・集中），金融資本主義といった米国企業が短期利益を追求せざるをえない要因を，本来は論じるべきではないだろうか。日本企業と合弁で組むことの是非を問うても，社内における知識や技術の蓄積を十分に考慮せずに事業を外注する，という問題は解決しない。そのような意思決定の背後にある企業方針や社会構造こそが問われなければならないのである。

（2）　彼は複数年にわたる日本での滞在経験があり，日本企業にかんする論文も多い。彼の豊富な日本での経験がこの日本市場の合弁分析を可能にしたのかもしれない。欧米の研究者による日本市場の合弁研究はあまり多くはないが，他に Turpin (1993) などがある。彼も，THH 研究の Hamel et al. (1989) を引用しつつ，欧米企業が日本市場における合弁を日本企業から学ぶ機会として十分に認識していないことを指摘した。ただし，後述するように，欧米企業の日本市場における合弁の失敗は日本企業の行動ではなく，一般的なマネジメントの問題に起因する，と彼は述べている。これは THH 論者たちとはことなる見解である。

（3）　この例として彼はトヨタと GM の合弁 NUMMI をあげているが，これには疑問が残る。少なくともトヨタはこの合弁で長期継続的な GM との関係を志向し，2010年に予定されている合弁解消は GM 側の経営不振による撤退が直接の原因である。当初この合弁が短期的に終了すると彼が考えたのは，設立当初に12年間という合弁の存続期限が設定されたからなのかもしれない。しかし，これは米国における独禁法とのかかわりで米国連邦取引委員会（US Federal Trade Commision）が合弁承認の条件として暫定的に設定した期間である（宍戸・草野，1988）。

（4）　日本企業に備わっていた戦略設計思想が欧米企業になかったことも，欧米企業の競争優位が低下したもうひとつの理由であると，彼らは述べている。

（5）　ただし，彼らは「長期提携によって，パートナーの奥深くに潜む企業力を垣間見ることも多い。…（中略）…特定のスキルや技術の輸入というよりフルに開発された企業力により近いものを手に入れようとするならば，非常に有能なパートナーとの長期的な関係が不可欠だ」（Hamel and Prahalad, 1994；翻訳273ページ）と，パ

ートナーから学ぶ知識のタイプによっては長期的な企業間関係が必要だと述べている。しかし，後述するように，彼らの学習競争的な見方のもとでは，短期的な合弁行動がもっとも強調される。そしてその主張は，欧米企業をパートナーとした日本企業の合弁行動の分析にもとづいている。なお，双方向テレビやナビゲーションシステムなどの新たな技術開発のための企業間協力を彼らは企業提携とよび，「提携メンバー間の競争に配慮することによって，提携が成果を生まないうちに瓦解することを回避すべきである（前掲書，244ページ）」とも述べている。しかし，このような暫定的な提携はTHH研究のおもな議論の対象ではない。

（6）　Zeng and Hennart（2002）は，関係特殊技能をパートナー間の協働効果を高めるための学習と区別するが，本書ではこれらを企業間協働の成果を高める知識として同一に扱う。

（7）　だからこそパートナー間の信頼や関係特殊資産の蓄積・活用によって，取引コストを減らすことが重要だともいえる。この場合はパートナー間の関係の継続が強調されるであろう。

（8）　ただし，合弁の短命性にかんする諸研究にも限界がある。たとえば，牛丸（2008）は海外投資先をフランス，カナダ，韓国に絞る一方で，多様な規模（人員や売上）や業種，事業形態（生産活動の有無）を一緒に分析している。しかし，むしろ後者の諸要件をなるべく一定にして，広範な進出国を対象とした分析も必要である。進出国の多様性が問題となるのであれば，米国のように多数の海外直接投資件数がある市場をまず分析する方法も考えられる。また，牛丸（2008）とHennart et al.（1998）は，合弁の生存（存在か消滅）について分析しているが，それに至るパートナー間の関係変化についてはほとんど分析していない。とくに，合弁解消とそれに至る過程の変遷（合弁への出資経緯の違いやパートナー自体の経営上の変化）の関係は，今後の研究で解明すべき課題であろう。

第3章　分析枠組みと操作仮説の提示

1　は じ め に

　本章では，前章で検討したトロイの木馬仮説（THH）にかんする研究で示された，日本企業の学習競争的な合弁行動を分析するための枠組みと操作仮説を提示する。前章でもみたように，Hamel（1991）や Reich and Man-kin（1986）等が提唱した学習競争的な見方は，企業，とりわけ日本企業の国際合弁行動にかんするひとつの見方である。彼らの研究では，日本企業は欧米企業と国内外で実施してきた国際合弁において，欧米パートナーよりも迅速に合弁パートナーの知識を学習し，そのことが日本企業の組織能力の源泉となったと考えられている。たとえば Reich and Mankin（1986）は，米国企業が自国市場で日本企業と実施する合弁では，自らの顧客や流通へのアクセスを日本企業に提供することになり，日本企業との合弁は危険であると指摘した。このような国際合弁は，日本企業が欧米パートナーの占有するローカル市場あるいは製品・サービス市場に参入するために利用する「トロイの木馬」だというのである。

　このような見方のもとで，THH 論者たちは日本企業の合弁パートナーシップ行動の特徴が，比較的短期的なものであると指摘した。彼らによると，一般的に日本企業は合弁において欧米パートナーからの学習を終えると，パートナーの合弁株式の買収による完全子会社化，または自社の合弁株式持分の売却や合弁の清算・破綻によってパートナーとの合弁関係を解消する。また，仮に欧米パートナーの合弁株式の売却拒否などによって合弁が継続する場合は，日本企業は合弁が自社にもたらす収益配分を高めるようにパートナーに要求する。なぜなら，日本企業は欧米パートナーとの学習競争で優位に

立つことによって，自社の相対的な交渉力が高まるからである。このため，パートナー間の利害対立からコンフリクトが頻繁に発生し，結果として当該合弁は早期に解消されることになる，とTHH論者たちは述べている。

ところが，このような日本企業の合弁行動にかんするTHH研究の説明は，長期継続的といわれる日本企業の組織間関係の研究で共有されてきた通念とはことなる。たとえば，浅沼（1997）や西口（2000）によれば，継続的関係を通じて形成された企業間の信頼や企業間協働をうまくおこなう技能が，日本の製造業における部品取引関係の基盤となっている。日本企業はそれとはことなるパートナーシップ行動を欧米パートナーとの国際合弁でとっているのであろうか。

本章では，まず，Ishii and Hennart（2007b）と石井（2009a）をもとに，合弁行動の分析対象となる企業と合弁の立地する市場の観点から，国際合弁戦略を分類する枠組みを提示する。この枠組みでは，合弁行動を分析する焦点企業とそのパートナー企業との協働において組み合わされる両者の知識に着目する。続いて，THH研究の学習競争的な見方にもとづいて，日本企業の欧米パートナーとの国際合弁における行動シナリオを提示する。そして，これらの枠組みとシナリオを前提としたうえで，日本企業の国際合弁パートナーシップ行動にかんする操作仮説を構築する。操作仮説は，日本企業の合弁行動の一般性を分析することを想定した仮説と，日本企業と欧米企業の合弁行動を比較分析することを想定した仮説を提示する。

2　国際合弁戦略の分類

操作仮説の提示に先立って，以下の2つの作業をおこなう。第1に，合弁行動の分析対象である焦点企業にとって，国際合弁がどのように戦略的に位置づけられるかを分類する。第2に，THH研究の学習競争的な見方にもとづいて，日本企業の合弁パートナーシップ行動にかんするシナリオを提示する。国際合弁の戦略上の位置づけとTHH研究から導出される合弁行動シ

図3-1　国際合弁戦略の分類

合弁の対象市場

		〈日　本〉	〈欧　米〉
焦点企業の立地国・地域	〈日本〉	(A) 日本企業の国内市場における合弁（日本企業の受け入れ戦略）	(B) 日本企業の海外市場における合弁（日本企業の訪問戦略）
	〈欧米〉	(C) 欧米企業の海外市場における合弁（欧米企業の訪問戦略）	(D) 欧米企業の国内市場における合弁（欧米企業の受け入れ戦略）

ナリオを整理することで，われわれの議論の前提を示し，操作仮説の提示に役立てる。なお，THH理論の検証という研究目的にしたがい，日本企業が日本市場および欧米市場において欧米企業と実施する国際合弁を本章の議論の対象とする。

　まず，合弁行動の分析対象となる焦点企業にとっての戦略的な位置づけの点から，日本企業と欧米企業の間でおこなわれる国際合弁を分類する（図3-1）。

　図3-1の縦軸は，合弁行動の分析で焦点をあてる企業（の本社）が立地する国（または地域）を示している。図3-1の上側は焦点企業が日本企業の場合，下側は焦点企業が欧米企業の場合となる。欧米企業については，日欧合弁では欧州企業，日米合弁では米国企業がそれぞれあてはまる。

　図3-1の横軸は，合弁の対象市場の国または地域を示している。図3-1の左側であれば，日本市場を対象とした合弁，右側であれば欧米市場を対象とした合弁である。欧米市場については，日欧合弁では欧州市場，日米合弁では米国市場がそれぞれあてはまる。なお，本書では米国市場については分析しないが，本書とほぼ同様の枠組みでHennart et al. (1999) が米国市場・日米合弁における日本企業の合弁行動を分析している。また，合弁の対象市場とは合弁拠点の立地する市場を想定している。したがって，図3-1の分類では，2種類の戦略が考えられる。ひとつめは，焦点企業が自社の本社が立地する市場（国内市場と呼ぶ）に立地する合弁をつうじて，海外パートナーを受け入れる合弁戦略である。もうひとつは，焦点企業が海外市場に

立地する合弁をつうじて，パートナーの国内市場を訪問する合弁戦略である。本書では，前者を受け入れ戦略（Hosting strategy），後者を訪問戦略（Visiting strategy）と呼ぶ。後述するように，これらの合弁戦略の違いによって，合弁において各パートナーが提供する知識の組み合わせのパターンがことなる。

　なお，この分類枠組みにおいては，焦点企業の本社が立地する国または地域を国内市場と呼ぶ。ただし，欧州企業にかんしては欧州市場を国内市場として考えている（厳密には域内市場とよんだほうがより正確かもしれないが，ここでは便宜的に国内市場とする）。これは本書の分析期間がEU地域の経済統合が進んだ時期であり，この時期に欧州企業は欧州市場全体に自社の顧客や取引先を拡大させたと考えられるからである。また，この時期に日本企業は，欧州の特定の国というよりは欧州市場に立地したパートナーとして欧州企業を認識するようになったとも考えられる。

　では，図3-1の国際合弁戦略についてタイプ別にみていこう。

　セルAは，焦点企業である日本企業が，日本市場において欧米企業と実施する合弁戦略である。この場合，日本企業は国内市場において欧米企業を受け入れる側となり，日本企業からみれば受け入れ戦略となる。そこでは，日本企業はローカル知識（現地市場で事業活動をおこなうための知識）を，欧米企業は技術的知識をそれぞれ提供することが期待される。

　セルDは，焦点企業の欧米企業が，欧米市場において日本企業と実施する国際合弁戦略である。これはセルAの受け入れ戦略の主体を，日本企業から欧米企業に置き換えたものであり，欧米企業が国内市場で実施する合弁戦略である。もし欧米企業が欧州企業であれば欧州市場，米国企業であれば米国市場における受け入れ戦略となる。そこでは，欧米企業はローカル知識を，日本企業は技術的知識をそれぞれ合弁において提供することが期待される。

　セルBは，焦点企業の日本企業にとって海外市場となる欧米市場において，現地パートナーの欧米企業と組む合弁戦略である。これは，セルDの

合弁を，日本企業の側からみたものである。このタイプの合弁では，欧米パートナーにとっての国内市場を日本企業が訪れる側となるため，訪問戦略として分類される。このタイプの合弁ではセルDと同様に，日本企業は技術的知識を，欧米企業はローカル知識をそれぞれ提供することが期待される。

セルCは，焦点企業である欧米企業が，日本市場において日本企業と組む合弁戦略である。これは，欧米企業がパートナーである日本企業のローカル市場に訪問する戦略となる。これは，セルAと同じタイプの合弁を欧州企業の側からみたものである。したがって，この合弁では，セルAと同様にローカル知識は日本企業，技術的知識は欧米企業がそれぞれ提供することになる。

最後に，本節で論じた国際合弁戦略の分類については，議論を簡潔にするための前提がある。

第1に，国際合弁において現地パートナーは現地市場にかんするローカル知識を，海外パートナーは技術的な知識をそれぞれ提供する補完関係が成り立つことである。もちろん現実の国際合弁ではこのようなパートナー間の補完関係が常に成り立つとは限らない。現地パートナーが技術を提供したり，海外パートナーが合弁で生産した製品の輸出先の市場にかんする知識を提供するケースも現実にはあるだろう。あるいは，海外パートナーが当該合弁の設立以前からその市場で別の事業活動を実施しており，現地パートナーのローカル知識にはあまり期待しないケースもありうる。しかしながら，本書で検証しようとするTHH研究における学習競争的な見方は，先述した国際合弁におけるパートナー間の知識の補完関係を，基本的な議論の前提としている。また，われわれの調査からも，分析対象である日米欧市場の国際合弁では，本書で前提とするパートナー間の知識の補完関係がおおむねあてはまると判断される。もちろん，本書が対象とする合弁でも，現地パートナーによる技術の提供や，海外パートナーによる市場情報の提供はありうる。しかしながら，それらは本書で前提としているパートナー間の知識の補完関係に付加しておこなわれる場合が一般的だと考えられる。

　第2に，合弁の対象市場は合弁拠点の立地している国または地域と同一であるとみなしている。現実には合弁拠点の立地する国や地域とはことなる市場の顧客や取引先を対象とする合弁もありうる。しかし，われわれの調査によれば，少なくとも本書の対象とする日米合弁と日欧合弁については，合弁が立地する国や地域をおもな対象市場とすることは，ほぼ問題がないと思われる。

　第3に，合弁パートナー双方にとっての海外市場で実施するような国際合弁はこの分類に含まない。たとえば，日本企業と欧州企業が米国市場で実施する合弁である。このような合弁を分類に含まない理由は，海外パートナーと現地パートナーとの間でおこなわれる学習競争を念頭においたTHH研究の議論にあてはまりにくいからである。もちろん国内企業間の国内市場における合弁との対比なども含めて，合弁のパートナーの属性と市場をより広範な視点からとらえた分類の枠組みもありうる。なお，本章よりも広範な国際合弁の分類枠組みは石井・ヘナート（2009）などでも論じている。

3　THH研究にもとづく日本企業の合弁行動シナリオ

　本節では，Hamel（1991），Reich and Mankin（1986）とHennart et al. (1999) を参考にしながら，THH研究にもとづく日本企業の合弁行動のシナリオを示す（図3-2）。

　第1のシナリオのS-1（図3-2の直線の矢印で示す一連のプロセス）は，日本企業が合弁において欧米パートナーから学習し，最終的に合弁を完全子会社化するというものである。まず，合弁におけるパートナーからの学習を，日本企業は欧米パートナーよりも迅速に実現できる。日本企業の学習上の優位は，第2章でみたように，日本企業の明確な学習意図やすぐれた学習能力，そして日本企業の社内知識が欧米パートナーにとって透明性が低いこと，によって生じる。合弁における欧米パートナーとの学習競争で優位に立つことで，日本企業は欧米パートナーにたいする相対的な交渉力を高めることがで

図3−2　THH 研究にもとづく日本企業の合弁行動のシナリオ

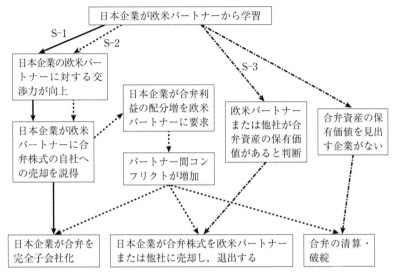

きる。この交渉力を背景に，日本企業は欧米パートナーにたいしてすべての合弁株式を自社に売却するように説得し，日本企業は合弁を完全子会社することになる。

　第2のシナリオのS-2（図3−2の点線の矢印で示す一連のプロセス）では，日本企業が欧米パートナーから学習し，一時的に合弁が継続する中でパートナー間のコンフリクトが起こり，最終的に合弁が解消する。まず，日本企業は合弁における欧米パートナーとの学習競争で優位に立つ。これによって，日本企業の欧米パートナーにたいする交渉力が高まる。ここまではS-1と同じである。S-1との違いは，S-2では日本企業が欧米パートナーにたいして，すべての合弁株式持分を自社に売却させるための説得に失敗する点である。この場合，合弁は一時的に継続するが，学習競争で優位にたち交渉力が高まった日本企業が，合弁事業から自社への利益配分を高めるように欧米パートナーに要求するようになる。そのことがパートナー間の頻繁なコンフリクトの発生や信頼の低下につながり，一方または双方のパートナーが合弁の継続を望まなくなる。その結果，日本企業による合弁の完全子会社化，日本企業

によるすべての合弁株式持分のパートナーまたは他社への売却，あるいは合弁の清算・破綻のいずれかの形で合弁が解消することになる。

　第3のシナリオのS-3（図3-2の一点破線の矢印で示す一連のプロセス）では，日本企業が欧米パートナーから学習したのちに，パートナーまたは他社へのすべての合弁株式の売却，あるいは合弁の清算・破綻によって，合弁の解消にいたる。このシナリオでは，日本企業が欧米パートナーから学習した後の合弁パートナーシップ行動として，次のふたつのパターンが考えられる。ひとつめは，日本企業のみが合弁株式の保有継続を望まず，欧米パートナーまたは第三者が合弁株式を保有することを望む場合である。この場合は，日本企業がすべての合弁株式持分を欧米パートナーあるいはそれ以外の他社に売却し，日本企業が合弁から退出する。ふたつめは，日本企業と欧米パートナーがともに合弁の継続を望まず，かつ合弁を買収する第三者が存在しない場合である。この場合は，合弁は清算または破綻となる。

4　操作仮説の提示

　続いて，前節で示したTHH研究の学習競争的な見方にもとづく日本企業の合弁パートナーシップ行動のシナリオをもとに，操作仮説を提示する。

　THH研究によれば，日本企業は国際合弁において，欧米パートナーの知識を学習する。その後，日本企業がもし当該合弁の株式を保有する価値がないと判断すれば，日本企業はすべての合弁株式持分を売却するか，合弁が清算・破綻することになる。

　もし日本企業が合弁株式の保有価値があると判断すれば，合弁株式を保有し続ける。この場合，合弁運営において自社戦略をより反映させるために，日本企業は学習を終えて不要となったパートナーに対して，すべての合弁株式持分を自社に売却することを提案する。もし，日本企業が欧米企業に対して合弁株式の買収提案が成功した場合は，日本企業は合弁を完全子会社化する。失敗した場合は，合弁が当面継続する。この場合は，学習競争で得た交

渉力をもとに，日本企業は合弁から自社への利益配分を高めるように欧米パートナーに要求する。このために，パートナー間のコンフリクトが頻繁に生じる。その結果，一方または双方のパートナーによる合弁株式の売却や合弁の清算・破綻によって合弁が終了する。

　日本企業が欧米市場で現地パートナーと実施する訪問型の合弁戦略では，現地パートナーからローカル知識を学習すれば，日本企業は自社単独の事業展開が現地で可能となる。つまり，合弁において獲得した現地の顧客情報や，原材料調達や製品販売のネットワークを単独で利用できるようになると，日本企業にとって合弁は不要となり，合弁が解消される。

　日本企業が合弁を短期的に解消するパートナーシップ行動は，受け入れ型の合弁戦略でも同様である。Pucik（1988a, 1988b）によると，日本市場でおこなう合弁において，日本企業は合弁から国内の自社事業に効果的に知識移転をおこなう。なぜなら，日本市場での合弁における生産財は，日本企業の国内事業と関連性が高いケースが一般的であり，合弁に移転されたパートナーの技術を比較的容易に自社事業に移転できるからである。また，日本企業は日本市場の合弁において，出向や研修を含む親会社との人事交流を欧米企業よりも積極的に実施する。この点でも日本企業の国内合弁を通じた自社事業への学習効果は高いといえる。したがって，日本企業は欧米パートナーからの学習を終えると，自国市場での合弁を継続せずに，早期に解消する可能性が高い。

　もし THH 論者による学習競争的な見方が支持されないならば，日本企業の合弁パートナーシップ行動は，パートナーとの協力による付加価値創造を重視した戦略（Zeng and Hennart, 2002）によって説明される。この場合，日本企業は合弁株式を安定的に保有すると予測される。

　日本企業の合弁行動を分析するひとつの方法は，THH 研究における学習競争的な見方にもとづくシナリオにしたがう場合と，そうでない場合のどちらが一般的なのかを調べることである。日本企業の中で前者の数が後者の数を上回れば THH 的な見方は支持される。よって仮説 1 が導出される。

【仮説1】国際合弁において，日本企業が欧米パートナーの保有する合弁株
　　　　　式を買収して合弁を完全子会社化する，合弁が清算・破綻となる，
　　　　　または日本企業が欧米パートナーまたはそれ以外の他社に合弁株
　　　　　式をすべて売却するケースの合計が，日本企業が合弁株式を保有
　　　　　し続けるケースの数を上回れば，THH的な見方は支持される。

　Hennart et al. (1999) によると，THH研究の学習競争的な見方にもとづ
く合弁解消行動の中で，パートナーが保有する合弁株式の買収による合弁の
完全子会社化は，最善の戦略である。まず，自社がすべての合弁株式持分を
他社に売却して合弁から退出すれば，自社の知識が移転された合弁が将来的
に自社と競合するおそれがある。合弁の完全子会社化をおこなえば，このよ
うな可能性を回避できる。さらに，合弁を完全子会社化すれば，欧米パート
ナーから合弁に移転された知識をそのまま自社の知識として利用できる。こ
れらのことから，仮説2が導出される。

【仮説2】日本企業が欧米パートナーの保有する合弁株式を買収して合弁を
　　　　　完全子会社化するケースの数が，日本企業が合弁株式を保有し続
　　　　　けるケースの数よりも多ければ，THH的な見方は支持される。

　また，Hennart et al. (1999) によれば，合弁の完全子会社化とあわせて合
弁の清算・破綻は，日本企業にとって望ましい合弁退出戦略となりうる。な
ぜなら，合弁の完全子会社化や清算・破綻の場合は，自社の知識が移転され
た合弁が，将来自社と競合する可能性を減らすことができるからである。自
社の合弁株式持分を他社に売却した場合は，その合弁が自社と将来競合する
可能性が残ってしまう。よって，仮説3が導出される。

【仮説3】日本企業が欧米パートナーの保有する合弁株式を買収して合弁を
　　　　　完全子会社化する，または合弁が清算・破綻となるケースの合計

が，日本企業が合弁株式を保有し続けるケースの数を上回れば，THH 的な見方は支持される。

　仮説 1 〜 3 はいずれも日本企業の合弁行動にかんする一般性の観点から，THH 研究における学習競争的な見方を検証するための操作仮説である。これらは，THH 的な合弁行動をとっている企業が，日本企業の中で多数を占めているかどうかを分析することによって，THH 的な見方を検証しようとするものである。

　ただし，これらの操作仮説には限界もある。

　第 1 に，日本企業だけに限定して THH 論者の主張を検証しても，その分析結果が日本企業の行動特性を十分に反映できるとは限らない。日本企業の合弁行動の特性をより深く検討するには，同じ戦略的な文脈のもとで日本企業と欧米企業の合弁行動を比較する視点が必要である。

　第 2 に，本書では THH 的な合弁行動に含まないが，それに準じる可能性がある合弁行動が排除される問題である。具体的には，合弁株式持分（比率）の増加・減少（合弁の完全子会社化，すべての合弁株式の売却，合弁の清算・破綻を除く）を，本書では非 THH 的な合弁行動として扱っている。しかし，合弁株式持分の増加や減少が長期的には合弁の完全子会社化や合弁からの撤退にいたる過程の行動だとすれば，合弁株式持分の増減は THH 的な合弁行動として理解できなくもない。しかしながら，本書では合弁株式持分の変化を，パートナーおよび合弁事業が存続するための環境適応行動としてとらえている。よって，われわれは合弁株式持分の増加・減少を非 THH 的な合弁行動とするのである。ただし，上記のような懸念を解消するには，合弁株式持分の増減がその後どのような合弁行動を伴うのかについて検証する必要はあるだろう。いずれにせよ，こういった限界的な合弁行動を含む，特定の企業行動についての一般性を問う操作仮説を検証する際には，十分注意しなければならない問題である。

　第 3 に，仮説 1 〜 3 では想定されていない理由によって，焦点企業が合弁

解消行動をとる状況を十分に分析できない。たとえば，日本企業による合弁の完全子会社化は，日本企業の学習競争的な行動ではなく，欧米パートナーの経営不振等による合弁株式売却の決定をうけて，欧米パートナーが合弁株式を自社以外の企業に売却するのを防ごうとした結果かもしれない。このようなケースを仮説1～3に十分反映できないことは，THH研究の議論が，一方のパートナー側の論理に偏っている（Zeng and Hennart, 2002）ことも影響しているといえよう。

　第4に，合弁行動の測定期間をどのように設定するかによって，分析結果がことなることである。測定期間が長期的になれば合弁が解消される可能性が高くなり，それだけTHH的な見方が成り立ちやすい状況となる。本書では9年間という比較的長期の合弁行動を測定する。これはTHH研究を批判的に検討する立場から，学習競争的な見方が比較的成り立ちやすい十分な測定期間だと考えられる。このような条件のもとでも，学習競争的な企業行動が一般的ではないことを示すことができれば，THH研究を批判するのに十分な分析結果を提供できる。ただし，このような分析は必ずしも中立的な分析の視点に立っているわけではない。むしろ，検証結果が測定期間によって大きく左右されるような仮説については，THH的な見方が成立することが客観的に判断される測定期間を設定することは難しい。また，本書の測定期間で分析した場合，本来はTHH的な見方が成立しないにもかかわらず，そのような分析結果を得られない可能性もある。

　これらの問題に対応するために，本書では日本企業と欧米企業の合弁行動の比較分析を念頭においた操作仮説を提示する。この比較分析の視点を操作仮説に導入することで，日本企業の合弁行動の特性をより深いレベルで解明するという第1の問題は，ある程度解決できる。

　第2の問題についても，日本企業と欧米企業を比較する操作仮説を導入することで，ある程度解決できると思われる。合弁株式持分の増減は，合弁解消行動への過程なのか，あるいはパートナーや合弁の環境適応行動なのか，という問いに完全に答えるには，それを実際に調べなければわからない。そ

のための検証作業は別の機会に検討したい。いずれにせよ，合弁株式持分の増減をどう理解するかという問題は，THH 的な合弁行動と非 THH 的な合弁行動についての一般性を比較する仮説 1 ～ 3 において，ときには分析結果を左右するほどの重大な意味をもつ。というのは，合弁株式持分の増加・減少を THH 的な行動に含むか否かによって，分析結果が違ってくる場合があるからである。日本企業と欧米企業の合弁行動を同じ基準で比較する分析であれば，合弁出資の増減に対する解釈の違いが分析結果に及ぼす影響を仮説 1 ～ 3 の場合よりも抑制できる。

　第 3 の THH 的な見方では想定できない要因が，焦点企業の合弁行動に影響する問題を解決するには，代替理論による検証作業や合弁解消事例の詳細な分析が必要である。これらについても別の機会におこないたい。少なくとも，焦点企業の合弁行動が想定外の要因に影響をうけるという同一条件で比較する点では，第 2 の問題と同じく，比較分析を念頭に置いた操作仮説によって部分的にこの問題を解決できると思われる。

　第 4 の問題については，比較分析の操作仮説を導入することによってほぼ解決できる。日本企業と欧米企業の合弁行動を同じ期間で比較することで，市場環境の特殊要因を除けば，分析期間の設定そのものが仮説の検証結果を左右することはあまりないと考えられる。しかも，比較分析を意図した操作仮説のもとでは，ことなる測定期間の分析も可能となり，分析結果の確認作業もおこないやすい（ただし，本書ではそのような追試はおこなわない）。

　ところで，日本企業と欧米企業の合弁行動を比較する操作仮説では，比較対象となる合弁行動が同じ国際合弁戦略の文脈のもとでおこなわれていることが前提となる。THH 論者たちの議論から導出された合弁解消行動のシナリオによると，日本企業は欧米企業よりも頻繁に合弁パートナーのもつ合弁株式の買収による合弁の完全子会社化，自社のもつすべての合弁株式の売却，あるいは合弁の清算・破綻といった合弁解消行動をとる。よって仮説 4 が導き出される。

【仮説 4 】同一タイプの国際合弁戦略において，日本企業が欧米パートナー
　　　　　から合弁株式を買収して合弁を完全子会社化する，合弁が清算・
　　　　　破綻となる，または日本企業が欧米パートナーまたはそれ以外の
　　　　　他社に合弁株式持分を売却するケースがデータ全体で占める割合
　　　　　が，欧米企業が日本パートナーから合弁株式を買収して合弁を完
　　　　　全子会社化する，合弁が清算・破綻となる，または欧米企業が日
　　　　　本パートナーまたはそれ以外の他社に合弁株式持分を売却するケ
　　　　　ースがデータ全体で占める割合を上回れば，THH 的な見方は支
　　　　　持される。

5　結　　論

　本章では，THH 研究における学習競争的な見方を検証することを目的に，
まず，国際合弁戦略の分類枠組みと THH 研究の議論から導出される日本
企業の合弁行動のシナリオを提示した。それらをふまえて，日本企業の合弁
行動の一般性に着目した操作仮説と，日本企業と欧米企業の合弁行動の比較
分析を念頭においた操作仮説をそれぞれ提示した。第 4 章と第 5 章では，こ
れらの操作仮説について，日欧合弁のデータを用いて検証作業をおこなう。

第4章　海外市場における日欧企業の合弁行動

1　は　じ　め　に

　本章では，第3章で提示した THH 研究の学習競争的な見方にもとづく操作仮説を，欧州市場・日欧合弁における日本企業の出資行動のデータを用いて検証する。また，日本企業の欧州市場における合弁行動の比較対象となる，日本市場・日欧合弁における欧州企業の出資行動についても分析する。

　分析に際して，本章で分析する欧州市場における日本企業の合弁行動にかんする，より具体的な操作仮説を記述する。ここであらためて操作仮説を示す理由は，第3章で提示した操作仮説は，国内・海外における合弁行動の分析に適用できる，やや一般性の高い内容となっているからである。なお，操作仮説の構築については，第2章の議論を参照していただきたい。

　本章で検証する操作仮説は下記のとおりである。

【仮説1】欧州市場・日欧合弁において，日本企業が欧州パートナーの保有する合弁株式を買収して合弁を完全子会社化する，合弁が清算・破綻となる，または日本企業が欧州パートナーまたはそれ以外の企業に合弁株式をすべて売却するケースの合計が，日本企業が合弁株式を保有し続けるケースの数を上回れば，THH 的な見方は支持される。

【仮説2】欧州市場・日欧合弁において，日本企業が欧州パートナーの保有する合弁株式を買収して合弁を完全子会社化するケースの数が，日本企業が合弁株式を保有し続けるケースの数よりも多ければ，

THH 的な見方は支持される

【仮説3】欧州市場・日欧合弁において，日本企業が欧州パートナーの保有する合弁株式を買収して合弁を完全子会社化する，または合弁が清算・破綻となるケースの合計が，日本企業が合弁株式を保有し続けるケースの数を上回れば，THII 的な見方は支持される

【仮説4】欧州市場・日欧合弁において，日本企業が欧州パートナーから合弁株式を買収して合弁を完全子会社化する，合弁が清算・破綻となる，または日本企業が欧州パートナーまたはそれ以外の他社に合弁株式持分をすべて売却するケースがデータ全体で占める割合が，日本市場・日欧合弁において，欧州企業が日本パートナーから合弁株式を買収して合弁を完全子会社化する，合弁が清算・破綻となる，または欧州企業が日本パートナーまたはそれ以外の企業に合弁株式持分をすべて売却するケースがデータ全体で占める割合を上回れば，THH 的な見方は支持される。

　本章では，これらの操作仮説について，全産業および産業別のデータをもちいて検証する。

　操作仮説の検証に続いて，日本企業と欧州企業の海外合弁におけるパートナーシップ行動を，産業別および企業（またはパートナーの）国籍別に分析する。これは，産業の特性や企業の国籍によって企業の投資行動がことなるとすれば，産業あるいは国籍によって企業の合弁行動も違ってくる可能性があるからである。社会的な慣行や文化，あるいは合弁の立地する国や地域の投資環境が，企業のパートナーシップ行動に影響を与えるとすれば，欧州企業の国籍の違いによって，合弁行動がことなるかもしれない。また，それは，欧州企業の合弁パートナーである日本企業の合弁行動にも影響を及ぼすであろう。なぜなら，合弁の継続や解消は，パートナー間の戦略や行動が相互作

用した結果だと考えられるからである。

2 分 析 方 法

2.1 データ収集

　以下では，本章で分析する欧州市場・日欧合弁および日本市場・日欧合弁のデータリストの作成方法を記述する。これらの合弁データは次章でも利用する。

　まず，東洋経済新報社の『海外進出企業総覧（1988年版）』と『外資系企業総覧（1988年版）』に掲載された，日本企業の欧州法人と欧州企業の日本法人のデータをもとに，日欧合弁のリストを作成した。

　対象としたのは製造業である。これには，装置産業（食品，繊維，紙パルプ・紙製品，化学，医薬品，石油・石炭製品，プラスチック，ゴム・皮革，ガラス・窯業，鉄鋼，非鉄金属，金属製品），組立産業（機械，電気機器，自動車，その他輸送機，精密機器），その他製造業が含まれる。

　分析対象である合弁の大半のケースについては，合弁会社やその親会社，主要取引先等に対して，電話や電子メール，ファクスなどで事実関係や不足情報を問い合わせた。また，各国の貿易や国際投資にかかわる公的機関（政府機関や大使館内の経済関係部門，JETRO，商工会議所等）や業界関連団体，専門紙（業界新聞社），合弁の立地地域にある図書館等からも情報を得た。さらに，必要に応じて新聞や雑誌，電子データベース（Lexis Nexis や日経テレコン21等），合弁会社や親会社の関連書籍・ホームページ等の二次資料も利用した。

　データ作成では，データがわれわれの分析枠組に適したものとなることと，なるべく多くのデータを得ることを重視した。日欧合弁のデータとして採用する基準は以下のとおりである。

　第1は，日本親会社1社と欧州親会社1社が出資する二社合弁である。こ

の基準により3社以上の出資による合弁がデータから排除され，データ数が減る。しかしながら，多数のパートナー関係の複雑性が合弁解消に影響する可能性を考慮して，二社合弁のデータに限定した。

　第2は，各親会社の出資比率が20—80％の範囲である。これは，『外資系企業総覧』の掲載基準が，一部の例外を除いて外資比率20％以上となっているためである。親会社の持株比率の範囲を狭く限定すればデータ数が少なくなる。しかし，対象とする日本親会社と欧州親会社の間でことなる出資比率の基準を採用すれば，両者を比較する分析結果の妥当性が低下するおそれがある。もちろん，株主総会での一部の決議を拒否できる3分の1以上あるいは50％の出資を基準とする分析も考えられる。本章ではデータ数を増やすことを重視し，今回の基準を採用した。なお，各親会社の3分の1以上の出資をデータの基準とする分析（Ishii and Hennart, 2006a, 2006b, 2007b；石井・ヘナート，2006）でも，本書とほぼ同様の結果が得られた（ただし，日本市場・日米合弁のデータ）。

　第3は，親会社が個人ではなく，企業組織であることである。これは本書で検証するTHH研究の議論が，企業組織の学習にかんする内容だからである。ただし，出資者の一部が一方の親会社の重役である等，一方の親会社と実質的に同一株主とみなせる個人の場合は，親会社の出資と合算した。なお，個人出資による合弁を含む分析Ishii and Hennart（2007b）やHennart et al. (1999)でも，本書とほぼ同じ分析結果が得られた（ただし，日本市場・日米合弁および米国市場・日米合弁のデータ）。

　第4は，親会社が先ほどの製造分野に属することである。親会社がサービス業や農業，漁業，金融・投資等の分野に属する場合はデータから除外した。また，商社については，総合商社（三菱商事，三井物産，住友商事，伊藤忠商事，丸紅，日商岩井（のちにニチメンと合併して双日），トーメン（のちに豊田通商による吸収合併），ニチメン（のちに日商岩井と合併して双日））が親会社となる場合はデータから除外した。この理由は，総合商社の合弁出資においては，生産活動を実施することよりも，投資や商流確保がおもな目的となると考え

られるからである。一方，総合商社を除く商社（専門商社）が親会社となる合弁は，同一産業に属する製造企業と同じく，投資や商流確保だけを目的としない生産活動を実施するケースが多いと考えられる。このため，分析対象に含めた。なお，総合商社が親会社の合弁もデータに含む分析（Ishii and Hennart, 2007b）でも，本章とほぼ同様の分析結果が得られた（ただし，日本市場・日米合弁のデータ）。

　第5は，分析開始時期において，合弁が立地する国や地域において，生産活動を実施していることである。これには，親会社や他社への委託生産も含まれている。

　第6は，分析開始時期において，合弁における従業員数が10人以上いることである。これは，合弁が各パートナーの知識や技術が移転され，各パートナーが学習することが可能な組織として存在することが，本書の分析の前提となっているからである。また，この基準を採用することによって，第5の合弁における生産活動の条件についても，これを確認する指標としても利用できる（ただし，第5の条件については，個別のケースについて生活活動の有無を調べたうえで，従業員数の指標を補完的に用いている）。

　分析では，1987—96年における日欧合弁に対する親会社からの出資比率を測定した（一部の分析では，1993年，1999年，2002年，2005年まで測定した）。この分析期間を選んだ理由は，企業が合弁投資の形態を変更するには，少なくとも数年間を要する（Hamel, 1991）ためである。Kogut（1988）によると，親会社の合弁出資比率が変わるピークは，合弁開始後6年目である。また，竹田（1996）によれば，設立から9年間を経れば，過半数の国際合弁が解消される。本書の測定開始時期は，少なくとも合弁開始時期よりは一定期間を経た後である。よって，本書の分析期間である9年間は合弁出資の変化を分析するうえで，十分な期間であると思われる。なお，日欧合弁の平均設立年は，欧州市場と日本市場でともに1980年である。これは合弁事業の設立年にかんするものであり，各合弁事業が当初から合弁の形態で設立されたとは限らないという点では，これが合弁開始の平均年だと断言することはできない。

　しかしながら，本書の分析期間では，合弁設立からの9年間と，これに加えて少なくとも数年間は，親会社が出資した期間を大半のケースで測定していると推測される。長期にわたって分析すれば，それだけより多くの合弁が解消される。THH的な見方に対して懐疑的である本書の立場からすれば，THH的な見方が成立しやすい十分な期間の分析をおこなうことは重要である。なぜなら，それだけの分析期間で測定した場合でも，操作仮説が支持されないことが明らかになれば，THH的な見方を再検討する必要性を明確に指摘できるからである。

　また，1988年版の『海外進出企業総覧』と『外資系企業総覧』を選び，1987年を分析開始時点とした理由は，以下のとおりである。

　第1に，同年版以降に出版された両誌と比較した場合に，海外子会社および外資系企業にかんする掲載データの定義が安定している最初の年である。したがって，この年度の両誌を起点として，親会社の合弁出資を経時的に分析できる。

　第2に，1980年代終わりのバブル経済のピーク時から1990年代の景気低迷期にかけての期間を分析できる。この期間は，THH的な見方が比較的成り立ちやすい状況であったと考えられる。このような状況のもとで，THH的な見方が成立しないということを示すことができれば，THH的な見方を批判的に検討するという目的をより高いレベルで達成できる。ただし，日本企業と欧州企業の合弁行動の比較分析を念頭に置いた仮説4については，この限りではない。

　第3に，これは日本市場の日欧合弁にかかわる部分だが，1980年以降は外資による対日投資を促進する政策がわが国で推進された時期であり，欧州企業が合弁を完全子会社化し，日本企業が合弁から撤退しやすい状況が生じたと考えられる。萩原（2003）によると，1980年代後半以降は，貿易不均衡の是正のために，外資の対日投資を促進する政策がとられた。とくに1990年以降，日本では外為法の改正や対日進出する外国企業への情報提供や金融支援等の，外資を呼び込むためのビジネス環境が整備された。よって，本研究の

分析期間において，欧州企業が日本市場で日欧合弁への出資比率を高める，あるいは合弁を買収することが，比較的容易になったと考えられる。同時にこの時期は，日本企業が合弁を継続するよりも，合弁株式の売却や合弁の清算・破綻によって合弁から退出した可能性が高いと考えられる。したがって第2の理由と同じく，THH的な見方が成立しやすい分析期間を設定し，操作仮説が成立しないことを示すことができれば，THH的な見方の再検討の必要性を示す材料となるであろう。ただし，第2の理由と同じく，日本企業と欧州企業の合弁行動を比較する仮説4については，この限りではない。

2.2　データの概観

　本書の基準で抽出した欧州市場・日欧合弁にかんする産業別・合弁立地国別のデータ内訳は，表4-1のとおりである。

表4-1　欧州市場・日欧合弁の内訳（産業別・合弁立地国別）

	ベルギー	フランス	ドイツ	オランダ	スウェーデン	イギリス	ノルウェー	アイルランド	ポルトガル	スペイン	イタリア	計
食　　品	0	1	0	0	0	0	0	0	0	0	0	1
繊　　維	0	1	0	0	0	0	0	0	0	0	1	2
化　　学	0	2	1	2	0	1	1	0	0	1	0	8
医 薬 品	0	0	1	0	0	0	0	0	0	1	0	2
ガラス・窯業	0	1	0	0	0	0	0	1	0	0	0	2
装置産業計	0	5	2	2	0	1	1	1	0	2	1	15
機　　械	0	1	3	0	1	0	0	0	0	0	0	5
電気機器	1	3	2	0	0	1	0	0	0	3	0	10
自 動 車	0	1	1	1	0	0	0	0	1	2	0	6
精密機器	0	0	1	0	0	0	0	0	0	0	1	2
組立産業計	1	5	7	1	1	1	0	0	1	5	1	23
その他製造	0	0	0	0	0	0	0	0	0	0	0	0
総　　計	1	10	9	3	1	2	1	1	1	7	2	38

出典：Ishii and Hennart（2009b）より。

1988年版『海外進出企業総覧』（データ収集は1987年）に掲載された欧州市場の日系子会社のうち，本書の基準に合致する日欧合弁は38あった。業種別の内訳は，装置産業15（食品1，繊維2，紙パルプ・紙製品0，化学8，医薬品2，石油・石炭製品0，プラスチック0，ゴム・皮革0，ガラス・窯業2，鉄鋼0，非鉄金属0，金属0），組立産業23（機械5，電気機器10，自動車6，その他輸送機0，精密機器2），その他製造業0であった。合弁の立地国の内訳は，ベルギー1，フランス10，ドイツ9，オランダ3，スウェーデン1，イギリス2，ノルウェー1，アイルランド1，ポルトガル1，スペイン7，イタリア2であった。また，表には示していないが，欧州パートナーの国籍の内訳は，ドイツ9，フランス8，イギリス7，スペイン6，オランダ3，イタリア2，アイルランド1，ノルウェー1，オーストリア1であった。

　欧州市場・日欧合弁のデータにおける日本企業の平均出資比率（1987年時点）は48.3％（最小が25％，最大が76％）であった。産業別の日本企業の平均出資比率は，装置産業が47.9％，組立産業が48.5％であった。合弁の平均設立年は，1980年（最古が1970年，最新が1987年）であった。産業別の平均設立年は，装置産業が1979年，組立産業が1980年であった。従業員数の平均は，273人（最小が15人，最大が2,500人）であった（ただし，1987年の従業員数が不明のために，2つのケースでは1988年，1つのケースでは1990年の従業員数を代理変数とした）。産業別の平均従業員数は，装置産業が303人，組立産業が253人であった。

　次に，本書の基準をもとに抽出した日本市場・日欧合弁データの産業別・パートナー国籍別の内訳をみてみよう（表4-2）。

　1988年版『外資系企業総覧』（データ収集は1987年）に掲載された日本市場の欧州系子会社のうち，本書の基準に合致する日欧合弁は76あった。業種別の内訳は，装置産業55（食品2，繊維0，紙パルプ・紙製品0，化学36，医薬品4，石油・石炭製品0，プラスチック3，ゴム・皮革0，ガラス・窯業2，鉄鋼0，非鉄金属2，金属6），組立産業18（機械9，電気機器5，自動車1，その他輸送機1，精密機器2），その他製造業3であった。欧州パートナーの国籍

表4-2　日本市場・日欧合弁の内訳（産業別・パートナー国籍別）

	ベルギー	デンマーク	フランス	ドイツ	オランダ	スウェーデン	スイス	イギリス	計
食　品	0	0	1	0	0	0	1	0	2
化　学	0	0	2	22	6	0	2	4	36
医薬品	0	1	0	2	1	0	0	0	4
プラスチック	0	0	0	1	0	0	2	0	3
ガラス・窯業	0	0	0	1	0	0	0	1	2
非鉄金属	0	0	0	0	1	0	0	1	2
金　属	1	0	1	2	0	0	0	2	6
装置産業計	1	1	4	28	8	0	5	8	55
機　械	0	1	0	4	0	0	2	2	9
電気機器	0	0	2	0	1	0	0	2	5
自動車	0	0	0	1	0	0	0	0	1
その他輸送機	0	0	0	0	0	0	0	1	1
精密機器	1	0	1	0	0	0	0	0	2
組立産業計	1	1	3	5	1	0	2	5	18
その他製造	0	0	1	0	0	1	0	1	3
総計	2	2	8	33	9	1	7	14	76

出所：石井（2009a），Ishii & Hennart（2008a, 2009c）より。

別の内訳は，ベルギー2，デンマーク2，フランス8，ドイツ33，オランダ9，スウェーデン1，スイス7，イギリス14であった。

　日本市場・日欧合弁のデータにおける日本企業の平均出資比率（1987年時点）は49.1%（最小が20%，最大が66%）であった。産業別の日本企業の平均出資比率は，装置産業が47.9%，組立産業が52.4%であった。合弁の平均設立年は，1973年（最古が1941年，最新が1987年）であった。産業別の平均設立年は，装置産業が1971年，組立産業が1975年であった。従業員数の平均は，295人（最小が10人，最大が12,500人）であった（ただし，1987年の従業員数が不明のために，1つのケースでは1988年の従業員数を代理変数とした）。産業別の平均従業員数は，装置産業が147人，組立産業が811人であった。

3　分　析　結　果

3.1　合弁出資の比率カテゴリーの変化

　次に，欧州市場・日欧合弁における日本企業の出資変化と，日本市場・日欧合弁における欧州企業の出資変化についての分析結果を示す。

　まず，欧州市場・日欧合弁における日本企業の出資比率の変化（1987―1996年）について，比率カテゴリー別にみていこう（表4-3）。

　表4-3によると，欧州市場・日欧合弁において，日本企業の出資比率がカテゴリー間で変化したケースは22（全体の58%）あり，全体の過半数を占める。このうち日本企業の出資比率が95―100%に変化したケースは13（同34%）あった。これを当初の出資比率カテゴリー別にみると，20―49.9%が4ケース，50%が3ケース，50.1―80%が6ケースとなっていた。また，日本企業の出資比率が0―5%に変化した合弁は6ケース（同6%）あった。これを当初の出資比率カテゴリー別にみると，20―49.9%が4ケース，50%が2ケースであった。一方，出資比率のカテゴリーが変化していないケースは16（同42%）あった。

　ここで，欧州市場・日欧合弁における日本企業の出資比率の変化を，当初の出資比率カテゴリー別にみてみよう。当初のカテゴリーが20―49.9%では，

表4-3　欧州市場・日欧合弁における日本企業の出資比率の変化（比率カテゴリー別）

		1996年					
		0-5.0%	5.1-49.9%	50%	50.1-94.9%	95-100%	計
1987年	20-49.9%	4	4	0	2	4	14（37%）
	50%	2	0	7	1	3	13（34%）
	50.1-80%	0	0	0	5	6	11（29%）
	計	6（16%）	4（11%）	7（18%）	8（13%）	13（34%）	38

出所：Ishii and Hennart（2008c），石井・ヘナート（2010）より。

変化があったのが10ケース（カテゴリー全体の71.4％），変化なしが4ケース（同28.6％）であった。当初のカテゴリーが50％では，変化ありが6ケース（同46.1％），変化なしが7ケース（同53.8％）であった。当初のカテゴリーが50.1—80％だと，変化ありが20ケース（同71.4％），変化なしが8ケース（同28.6％）であった。つまり，日本企業の出資比率が少数または多数となる，パートナー間の出資比率が均衡していない合弁では，出資比率カテゴリーが変化する傾向がある。一方，パートナー間の出資比率が均衡している折半出資の合弁では，出資比率カテゴリーが変化しない企業が過半数を占める。

次に，日本市場・日欧合弁における欧州企業の出資比率の変化（1987—96年）を，比率カテゴリー別にみていこう（表4-4）。

表4-4によると，1987年から1996年にかけて，日本市場・日欧合弁における欧州企業の出資比率カテゴリーが変化したケースは34（全体の45％），変化していないケースは42（同55％）あった。この日本市場・日欧合弁において出資カテゴリーが変化した欧州企業の割合は，欧州市場・日欧合弁において出資カテゴリーが変化した日本企業の割合58％よりも小さい。

また，出資比率のカテゴリーが変化した合弁のうち，欧州企業の出資比率が95—100％に変化したのは8ケース（同11％）であった。この割合は，欧州市場・日欧合弁において出資比率が95—100％に変化した日本企業の割合34％を大きく下回る。この出資比率が95—100％に変化した合弁について，1987年時点の出資比率カテゴリーの内訳をみると，50％が3ケース，50.1％

表4-4　日本市場・日欧合弁における欧州企業の出資比率の変化（比率カテゴリー別）

		1996年					
		0–5.0%	5.1–49.9%	50%	50.1–94.9%	95–100%	計
1987年	20–49.9%	6	10	0	1	0	17(22%)
	50%	12	1	28	4	3	48(63%)
	50.1–80%	1	0	1	4	5	11(14%)
	計	19(25%)	11(14%)	29(38%)	9(12%)	8(11%)	76

出所：石井（2009a），Ishii and Hennart（2008a, 2009c），石井・ヘナート（2010）より。

―80％が 5 ケースであった。また，欧州企業の出資比率が 0 ― 5 ％に変化したケースは19（同25％）あり，これは欧州市場・日欧合弁において出資比率が 0 ― 5 ％に変化した日本企業の割合16％を上回っている。また，欧州企業の出資比率が 0 ― 5 ％に変化した当初カテゴリーの内訳は，20―49.9％が 6 ケース，50％が12ケース，50.1―80％が 1 ケースであった。

　当初の出資比率カテゴリー別の変化についてもみておこう。まず，1987年から1996年にかけて，出資比率カテゴリーが変化した合弁と変化しなかった合弁は，出資比率20―49.9％のカテゴリーでは，それぞれ 7 ケース（カテゴリー全体の41.2％）と10ケース（同58.8％）あった。50％の出資比率カテゴリーでは，変化したケースが20（同41.7％），変化しないケースが28（同58.3％）あった。50.1―80％の出資比率カテゴリーでは，変化したケースが 7 （同63.6％），変化しないケースが 4 （同36.4％）あった。これらの結果から，欧州企業の出資比率が多数となる合弁では，出資比率カテゴリーが変化する傾向がみられる。また，折半出資または欧州企業の出資比率が少数となる合弁では，欧州企業の出資比率カテゴリーはあまり変化がみられない。

3.2　合弁出資の変化の内容

　では，欧州市場・日欧合弁における日本企業と日本市場・日欧合弁における欧州企業の出資変化（1987―96年）について，内容別にみていこう（表 4 ‐ 5 ）。

　なお，焦点企業または当初パートナーにおける買収（被買収のみ）と合併との区別については以下のように考える。まず，おおむね 7 対 3 の割合をこえた範囲（より不均衡な割合）で株式交換による企業統合（ただし被買収は交換割合が少ない側），あるいは企業統合の際に統合相手の社名に統一された場合（ただし新規の名称が設定される場合は除く）を買収・非買収とし，出資変化の各変化カテゴリーに加えた（ただし，これらのケースは，THH 的な合弁行動または非 THH 的な合弁行動には含まれない）。それ以外の場合は合併として扱い，合弁出資の継続ケースとして扱った。同様の基準は，次章の国内市

場・日欧合弁，および補章の日本市場・日米合弁の分析でも採用した。

　また，データ全体の合計を合計 B，合計 B から THH 行動と非 THH 行動のいずれのカテゴリーにも入らない変化の内容（焦点企業が当初パートナー以外の企業から合弁株式を買収することによる合弁の完全子会社化，焦点企業が当初パートナーまたは当初パートナー以外の企業を買収することによる合弁の完全子会社化，および当初パートナーまたは当初パートナー以外の企業の焦点企業に対する買収）を除いた数を合計 A とする。合計 A は，各出資変化の内容にかんする企業数の割合を示す時に，母数として利用する（ただし，一部の分析ではデータ全体の合計である合計 B を利用する）。

　表 4-5 によると，海外市場・日欧合弁における出資変化の内容について，日本企業と欧州企業の間でいくつかの違いがみられる。まず，パートナーの合弁株式持分を買収して，合弁を完全子会社化した企業の割合である。日本企業は10ケース（合計 A の29%）と，欧州企業の 8 ケース（同11%）を割合で上回る。また，パートナーまたはそれ以外の他社に自社の合弁株式を売却して，合弁から撤退した企業の割合にも違いがみられる。日本企業は 6 ケース（同17%）あり，これは欧州企業の19ケース（同26%）の割合よりも少ない。とくに，当初パートナーに合弁株式を売却した日本企業は 1 ケース（同3%）と，欧州企業の14ケース（同14%）の割合を下回る。また，清算・破綻となった日欧合弁は，欧州市場（分析対象は日本企業）では 3 ケース（同9%），日本市場（分析対象は欧州企業）では 5 ケース（同7%）と，ほぼ同じ割合となっている。

　以上のことから，海外合弁でもっとも多い解消行動については，日本企業は欧州パートナーの保有する合弁株式の買収による合弁の完全子会社化，欧州企業は合弁株式持分の売却による合弁からの撤退，という違いがある。このような日本企業と欧州企業の合弁解消にかんする特徴の違いは，先述した海外合弁における出資比率のカテゴリー変化の分析でみられた特徴と整合的である。

　海外合弁において出資を継続する場合でも，日本企業と欧州企業の間で違

表 4 - 5　海外市場・日欧合弁における日本企業と欧州企業の出資変化

（内容別・産業別）

	N（装置産業/組立産業/その他）	
	日本企業	欧州企業
焦点企業が合弁を完全子会社化（出資比率95%以上を含む）	13(2/11/0)	8(7/1/0)
焦点企業が当初パートナーから合弁株式を買収	10(2/8/0)	8(7/1/0)
焦点企業が当初パートナーを買収	3(0/3/0)	0(0/0/0)
焦点企業が当初パートナー以外の企業から合弁株式を買収	0(0/0/0)	0(0/0/0)
焦点企業が当初パートナー以外の企業を買収	0(0/0/0)	0(0/0/0)
焦点企業の出資比率が増加（95%以上は含まない）	7(4/3/0)	5(4/1/0)
焦点企業の出資比率が減少（5%以下は含まない）	1(1/0/0)	3(3/0/0)[2]
焦点企業が合弁から撤退（出資比率5%以下を含む）	6(3/3/0)[1]	19(10/8/1)
焦点企業が当初パートナーに合弁株式を売却	1(0/1/0)	10(4/5/1)
焦点企業が当初パートナー以外の企業に合弁株式を売却	3(1/2/0)	1(0/1/0)
当初パートナーが焦点企業を買収	0(0/0/0)	0(0/0/0)
当初パートナー以外の企業が焦点企業を買収	0(0/0/0)	3(2/1/0)[3]
合弁が清算・破綻	3(2/1/0)	5(4/1/0)[4]
焦点企業の出資比率の変化がない	11(5/6/0)	41(31/8/2)
合計 A（合計 B から焦点企業が当初パートナー以外の企業から合弁株式を買収，焦点企業が当初パートナーまたは当初パートナー以外の企業を買収，当初パートナーまたは当初パートナー以外の企業が焦点企業を買収，を除いたもの）	35(15/20/0)	73(53/17/3)
合計 B（全体の合計）	38(15/23/0)	76(55/18/3)

注(1)：日本企業が，合弁株式持分の一部を当初パートナーと当初パートナー以外の企業に同時に売却して，合弁から撤退した 1 ケース（電気機器）は次のように扱った。（1）焦点企業が合弁から撤退（1 ケース），（2）焦点企業が当初パートナーに合弁株式を売却（1 ケース），（3）焦点企業が当初パートナー以外の企業に合弁株式を売却（1 ケース）

(2)：新たな合弁パートナー（欧州企業）を含む三者合弁（各パートナーが33.3%の出資）とするために，いったん解散された 1 ケース（食品）は，「欧州企業の出資比率が減少」したケースとして数えた。

(3)：当該合弁に直接出資していた米国企業（この米国企業の親会社は欧州企業）が，他の欧州企業と他の米国企業によって共同に買収された 1 ケース（金属）は，「当初パートナー以外の企業が欧州企業を買収」のケースとして数えた。

(4)：日本パートナーの出資比率が 0 %となった（ただし，譲渡先と経緯は不明）後に，当該合弁が企業として存続した形跡がない 1 ケース（食品）は，「合弁が清算・破綻」として数えた。

いがみられる。まず，出資比率の変化がないのは，日本企業が11ケース（同31%），欧州企業が41ケース（同56%）と，欧州企業が日本企業を割合で上回る。これに出資比率の増加（95%以上を含まない）と減少（5%未満は含ま

い）を加え，合弁出資の継続という非THH的な行動としてみた場合，日本企業が19ケース（同53%），欧州企業が49ケース（同67%）と，両者の割合の差は縮まるものの，依然として欧州企業が日本企業を割合で上回る。

3.3　仮説の検証（全産業）

次に，THH研究の学習競争的な見方から導出した操作仮説について，日本企業の欧州市場・日欧合弁におけるパートナーシップ行動のデータ分析の検証結果を示す（表4-6）。

まず，THH的な見方にもとづく合弁パートナーシップ行動が日本企業の間で一般的であるとする仮説1，仮説2，仮説3は，いずれも支持されなかった。

仮説1では，当初パートナーからの合弁株式の買取による合弁の完全子会社化，当初パートナーまたはそれ以外の他社への合弁株式の売却による合弁からの撤退，合弁の清算・破綻を，すべてTHH的な合弁行動に含んでいる。これらの合弁解消行動をとった日本企業の合計数が，非THH的な合弁出資の継続行動（合弁出資比率の維持，合弁の買収にいたらない出資比率の増

表4-6　仮説検証の結果（全産業）

	仮説内容	結果
仮説1	合弁株式買収（当初パートナー）＋合弁株式売却（当初パートナー＋他社）＋合弁清算/破綻＞出資継続（比率継続＋比率増加＋比率減少）	THH（10＋3＋3）＜非THH（19）
仮説2	合弁株式買収（当初パートナー）＞出資継続（比率継続＋比率増加＋比率減少）	THH（10）＜非THH（19）
仮説3	合弁株式買収（当初パートナー）＋合弁清算/破綻＞出資継続（比率継続＋比率増加＋比率減少）	THH（10＋3）＜非THH（19）
仮説4	日本企業のTHH率＞欧州企業のTHH率	日本企業THH率45.7%（16/35）＞欧州企業THH率32.8%（24/73）*

注：＊10%水準で有意。

加，合弁からの撤退にいたらない出資比率の減少）をとった日本企業の合計数を上回れば，日本企業が一般的に THH 行動をとると考える。分析結果によると，THH 的な合弁行動をとった日本企業は16あり，非 THH 的な合弁行動をとった日本企業の数19を下回っていた。したがって，仮説1は支持されなかった。

　仮説2では，THH 的な合弁行動のパターンが，当初のパートナーが保有する合弁株式の買収による合弁の完全子会社化のみに限定されている。この仮説では，THH 的な合弁行動をとった日本企業の数が10と，非 THH 的な合弁行動をとった日本企業の数19を下回っていた。よって仮説2も支持されなかった。

　仮説3では，当初のパートナーが保有する合弁株式の買収による合弁の完全子会社化と，合弁の清算・破綻を THH 的な合弁行動と考える。これらの合弁行動をとった日本企業の数は13あり，これは非 THH 的な合弁行動をとった日本企業の数19を下回る。よって，仮説3も支持されなかった。

　以上を要約すると，欧州市場・日欧合弁において過半数の日本企業が THH 的な合弁行動をとると考える3つの操作仮説はいずれも支持されなかった。とくに，THH 的な合弁解消行動のパターンが限定される仮説2と仮説3は支持されないことが明確である。これに対し，3つの仮説の中で THH 的な合弁解消行動のパターンがもっとも多く含まれる仮説1の分析結果については，注意が必要である。なぜなら，THH 的な合弁行動をとった企業数は，非 THH 的な合弁行動をとった企業数をわずかに下回っていたからである。それぞれの企業数が拮抗している点では，仮説1が強く否定されたわけではない，といえるかもしれない。

　しかしながら，われわれは仮説1も支持されないという結論は，ある程度妥当だと考えている。というのは，先述したように，本書では，比較的 THH 的な見方が成り立ちやすい，9年間という平均的な合弁存続期間を上回る分析期間を採用しているからである。さらに，本章では，大半の合弁については設立からすでに一定期間を経た時点からの合弁行動を測定している。

つまり，実際には測定期間よりも長期間の合弁行動を分析する結果になって
いると推測される。この点でも，本来よりも多くの企業がTHH的な合弁
解消行動をとる測定結果が得られたと考えられる。したがって，仮説1の分
析結果が支持されないと結論づけることができる。

　次に，海外市場の日欧合弁におけるパートナーシップ行動を日本企業と欧
州企業との間で比較することを念頭に置いた，仮説4の分析結果をみておこ
う。仮説4では，THH的な合弁解消行動をとる企業の数が全体（合計A）
に占める割合（THH率）について，日本企業が欧州企業よりも大きければ，
THH的な見方は支持されると考える。日本企業のTHH率は45.7%と，欧
州企業のTHH率の32.8%を上回っていた。また，両者の差は10%レベルで
統計的にも有意であった。したがって，仮説4は支持された。

　ただし，この分析結果は，データの構成上の要因によってもたらされた可
能性は否定できない。たとえば，産業によって企業の投資戦略や合弁戦略が
ことなるとすれば，企業の合弁への出資行動も産業別にことなる場合がある。
だとすれば，データに含まれる産業カテゴリー別の企業数の違いが，仮説4
の分析結果に影響を与えるかもしれない。もう少し具体的にいえば，THH
率が高い産業の日欧合弁が日本企業のデータに多く含まれ，THH率が低い
産業の日欧合弁が欧州企業のデータに多く含まれる場合は，それだけで仮説
4が成り立つこともある。そこで，本章では産業別の合弁データを用いて，
すべての操作仮説を検証する。とくに，合弁データ全体での仮説4の分析結
果が，10%という比較的緩い水準での有意性しか得られていない点でも，こ
の産業別の分析は必要だと思われる。

　産業別の分析をおこなう前に，THH的な合弁行動のパターンには，ほと
んどの合弁解消にかんする内容が含まれていることをここで指摘しておく。
もう少し厳密にいうと，パートナー企業のレベルでの買収・非買収（合弁を
こえた事業レベルでの買収・非買収も含む）を除けば，焦点企業が当初パート
ナー以外の企業が保有する合弁株式を買収して，合弁を完全子会社化するパ
ターンだけが，THH的な行動に含まれない合弁解消行動である。しかしな

がら，表4-5にもあるように，日本企業と欧州企業の海外市場・日欧合弁においては，このようなケースはみられない。また，THH率の分母となる合計Bには，THH的な合弁行動と非THH的な合弁行動（合弁解消にいたらない合弁出資比率の増減を含むすべての出資継続）のケースだけが含まれる。これには，パートナーレベルでの買収・非買収（合弁をこえた事業レベルの買収・非買収を含む）や，当初のパートナーではない他社の保有する合弁株式を買収することによる合弁の完全子会社化は，含まれていない。したがって，本章における日本企業と欧州企業の海外市場・日欧合弁におけるTHH率の値は，ともに合弁解消率もあらわしているといえる。以下の分析では，このことも念頭に置きながら考察していく。

3.4　日本企業のTHH率の変化（産業別）

では，欧州市場・日欧合弁における日本企業のTHH率の変化について，まず産業別の動向からみていこう（図4-1）。

図4-1によると，日本企業のTHH率は，装置産業と組立産業でともに2002年まで一貫して上昇している。とくに組立産業では，1996年以降の伸びが大きく，2005年にはTHH率が100％に達している。一方，装置産業では，1993年から2002年はTHH率が上昇しているが，2002年から2005年はTHH率が変化しておらず，2005年の時点でもTHH率は7割を下回る。

もう1つの特徴は，組立産業のTHH率が装置産業のTHH率を常に上回っていることである。THH率は合弁解消率にも置き換えられることを考えると，この結果から組立産業では装置産業と比べて，合弁がより解消される傾向があるともいえよう。とくに，分析開始年から18年目の2005年におけるTHH率は，組立産業では100％となりすべての合弁が解消されているが，装置産業では3割以上の合弁が継続している。

ただし，この産業間の違いは，産業の特性とは別の要因によってもたらされる可能性もある。たとえば，もし組立産業における合弁が，装置産業の合弁よりも平均して合弁開始の時期が古い場合は，前者のTHH率が後者の

図4-1　欧州市場・日欧合弁における日本企業のTHH率の変化 （産業別）

（単位：％）

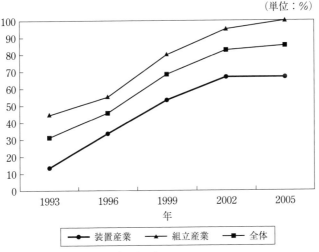

出所：石井・ヘナート（2010）より。

THH率を上回る可能性が高い。合弁行動の測定期間が長くなれば，パート
ナーが合弁を解消する可能性は高くなるからである。しかしながら，合弁の
平均設立年でみると，装置産業は1979年，組立産業は1980年とむしろ逆の結
果がでている。この数値は厳密には合弁出資の開始年ではなく，合弁事業の
設立年であり，一方のパートナーが途中から合弁に出資したケースが反映さ
れない可能性があるという問題は存在する。しかしながら，このデータから
は，少なくとも産業別の合弁設立時期の違いが，各産業のTHH率の違い
につながったとは考えにくい。

　産業間のTHH率の違いをもたらしうる別の要因として，特定のパート
ナー国籍（日本企業のTHH率が非常に高いまたは低い）の合弁データの偏在
が考えられる。確かに，後述するように，いくつかの欧州パートナーの国籍
については，日本企業との合弁が継続するケースとそうでないケースがみら
れる。よって，この問題をもう少し厳密に検討するには，パートナー国籍別
のTHH率を分析し，各カテゴリーごとに産業間のTHH率を比較する必
要がある。しかしながら，本章の欧州市場・日欧合弁のデータ数は限られて

おり，産業間の比較をパートナー国籍カテゴリー別におこなうことは困難である。したがって，十分な確認作業はできないものの，少なくとも産業別のTHH率の違いに影響を与えるようなデータの偏在は確認されないことを指摘しておく。なお，参考までに，各産業のデータを少数ながら得ることができた（装置，組立とも4件）フランスパートナーとの合弁では，値が同一となる年を除いては，全期間で組立産業のTHH率は装置産業のTHH率を上回った。また，パートナー国籍別のTHH率の分析結果については，後述する。

3.5　仮説の検証（産業別）

　次に，産業別の操作仮説の検証結果についてみていこう（表4-7）。なお，産業別のデータ数が少ないため，分析結果の妥当性については追加調査などをつうじて今後検証する必要もある。以下の分析結果は，先ほどの全データの分析結果を補完する参考データとして示すものである。

　装置産業では仮説1，仮説2，仮説3はともに支持されなかった。また，仮説4は日本企業のTHH率が欧州企業のTHH率を上回っていたものの，両者の差について統計上の有意性はみられなかった。

　組立産業においては，まず仮説1が支持された。しかしながら，この結果から，組立産業においては過半数の日本企業が，欧州市場の日欧合弁でTHH的な合弁行動をとっていた，と結論づけることはやや性急である。というのは，THH的な合弁行動の企業数が11，非THH的な合弁行動の企業

表4-7　仮説検証の結果（産業別）

	結果（装置産業）	結果（組立産業）
仮説1	THH（2+1+2）<非THH（10）	THH（8+2+1）>非THH（9）
仮説2	THH（2）<非THH（10）	THH（8）<非THH（9）
仮説3	THH（4）<非THH（10）	THH（9）=非THH（9）
仮説4	日本企業THH率33.3%（5/15）>欧州企業THH率28.3%（15/53）	日本企業THH率55.0%（11/20）>欧州企業THH率47.1%（8/17）

数が9となり，両者が拮抗しているからである。先述したように，本書の分析期間は合弁を設立してからの9年間ではなく，それ以前から設立された合弁もすべて1987年を分析開始時期としている。組立産業の合弁の平均設立年が1980年であることを考えると，仮にデータの一部に日本企業が途中出資したケース等が含まれるとしても，大半の合弁の設立が1987年から少なくとも数年間はさかのぼると推測される。そこで，仮に6年間という代替的な分析期間をとれば，図4-1にもあるように1993年時点でTHH的な合弁行動をとる日本企業は半数未満となる。よって，組立産業においても仮説1が明確に支持されたとは言い難い。また，仮説2と仮説3はいずれも支持されなかった。仮説4については，装置産業と同様に，日本企業のTHH率が欧州企業のTHH率を上回っていたものの，両者の差は統計的に有意ではなかった。

　ここで，仮説4の分析結果について，装置産業と組立産業でともに統計的に有意な結果がでていないことに留意する必要がある。つまり，データ全体では仮説4は統計的に10％の有意レベルで支持されたものの，産業別の分析では統計的な有意性はみられなかった。このような結果がもたらされた要因として，産業別のデータが少数であることが考えられる。

　それ以上に重要だと思われるのは，日本企業の合弁データ（欧州市場）と欧州企業の合弁データ（日本市場）では，産業別の構成比がことなることである。THH率が比較的高い組立産業の合弁の割合は，日本企業のデータでは57％（THH率の算定上有効なデータのみ20/35）と，これは欧州企業のデータでの割合23％（同17/73）を大幅に上回る。この違いが，データ全体の分析では仮説4が統計的な有意性をもって支持されたのに対し，産業別の分析では仮説4が統計的な有意性をもっては支持されなかった，という結果をもたらしたと考えられる。つまり，仮説4がデータ全体では支持された理由は，データ構成上の要因によってもたらされたと考えられる。

　このような説明は，組立産業のTHH率が装置産業のTHH率を上回ることが，一般的な経験則として，そして理論的にも成立する必要がある。ま

ず，一般的な経験則については，本章と次章（および補章）の分析をつうじて，組立産業における THH 率が，装置産業における THH 率を常に上回ることを示す。また，理論的な説明については，本書のデータ分析の結果をふまえた，第6章において考察する。

　なお，産業別の THH 率の違いが，産業別のデータ構成の偏りによってもたらされた可能性の有無について，ここで確認しておく必要がある。たとえば，日本企業の THH 率が高い国籍の欧州パートナーとの合弁が，組立産業において装置産業よりも多い割合で含まれていれば，それが産業間のTHH 率の差につながる要因となる。したがって，本来であれば，日本企業の THH 率が高いあるいは低い傾向が顕著な，欧州パートナーの国籍の有無についてまず確認する必要がある。そして，もしそのようなケースがあれば，該当する国籍のパートナーとの合弁が，産業別のデータに偏在するかどうかを確認しなければならない。

　しかしながら，先述したように，本章でとりあげた日欧合弁のデータは少数である。このため，欧州パートナーの国籍別に日本企業の合弁行動を十分に分析することは難しい。

　そこで，以下では，欧州パートナーの国籍別データが比較的確保できるカテゴリーに限って，日本企業の THH 率の変化を分析する。この部分的に実施するパートナー国籍別の日本企業の合弁行動分析は，参考データ的な位置づけとなるが，本書の分析結果や発見事実にかんする説明や妥当性を補う材料となるであろう。また，同様の理由から，日本市場・日欧合弁における欧州企業の THH 率についても，産業別および国籍別の分析をおこなう。このパートナー国籍別の分析をおこなうことで，特定パートナーとの合弁データの偏在が，産業間の THH 率の違いをもたらした可能性を検討できるだろう。さらに，欧州パートナーの国籍別に日本企業の THH 率を分析することは，パートナー国籍の違いによる合弁解消率の違いを探ることでもあり，それ自体非常に興味深いテーマである。

3.6　日本企業のTHH率の変化（全産業・パートナー国籍別）

　では，欧州パートナーの国籍別に，欧州市場・日欧合弁における日本企業のTHH率の変化をみていこう（図4-2）。なお，パートナー国籍別のデータが少数のカテゴリーは除いている。

　図4-2によると，ドイツ企業をパートナーとする合弁において，日本企業のTHH率が低い。ドイツパートナーとの合弁におけるTHH率は，2002年を除くすべての測定時期において，もっとも低い値となっている。これに対して，スペイン企業やフランス企業との合弁における日本企業のTHH率は比較的高く，データ全体の値を常に上回っている。イギリス企業との合弁におけるTHH率も，一部低い時期もあるが，全体的には高いレベルにある。以上のことから，日本企業はドイツ企業との合弁は継続する，そして，スペイン企業やフランス企業，イギリス企業との合弁は解消する傾

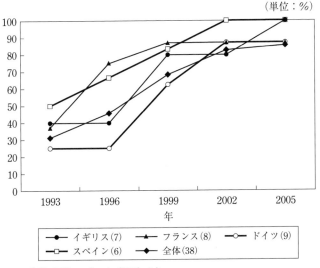

図4-2　欧州市場・日欧合弁における日本企業のTHH率の変化
（全産業・パートナー国籍別）

（単位：％）

出所：石井・ヘナート（2010）より。

向があるといえる。

　ただし，パートナー国籍別のTHH率は，各カテゴリーに含まれる産業別のデータの数によっても影響される可能性がある。そのような可能性を排除するには，産業別の分析でも，このようなパートナー国籍別のTHH率の違いがみられるかどうかを確認する必要がある。しかし，本章の装置産業における日欧合弁のデータはきわめて少数であり，パートナー国籍別のTHH率の変化を分析することは難しい（フランスを除いた各パートナー国籍カテゴリーのデータ数が2以下である）。そこで，以下では，組立産業についてのみ，パートナー国籍別のTHH率の変化を分析する。

3.7　日本企業のTHH率の変化（組立産業・パートナー国籍別）

　では，組立産業について，欧州市場・日欧合弁における日本企業のTHH率の変化をみていこう（図4-3）。なお，パートナー国籍別のデータが少数のカテゴリーは除いている。

　図4-3によると，フランス企業やスペイン企業をパートナーとする合弁において，日本企業のTHH率が比較的高い。これらの合弁における日本企業のTHH率は，全体の値をすべての期間で上回っている。また，ドイツ企業との合弁では，1996年（9年間）まではTHH率が比較的低いものの，それ以降はデータ全体の値を上回っている。一方，イギリス企業との合弁では，1996年までのTHH率は比較的高い水準で推移しているが，その後2002年にかけては低い値となり，2005年に100%となっている。また，日本企業のTHH率が高いフランス企業やスペイン企業をパートナーとする合弁のデータ数が，組立産業の中で突出して多いというわけではない。以上の分析結果と装置産業のパートナー国籍別のデータは非常に少数であることも考えあわせると，パートナー国籍別のデータの遍在が産業間のTHH率の違いをもたらしたとは考えられない。

図4-3 欧州市場・日欧合弁における日本企業のTHH率の変化

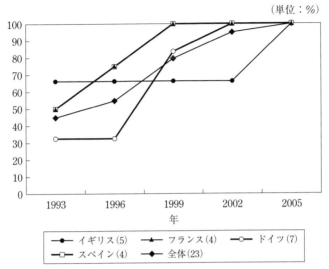

（組立産業・パートナー国籍別）

（単位：％）

出所：石井・ヘナート（2010）より。

3.8 欧州企業のTHH率の変化（産業別）

最後に，欧州企業の日本市場・日欧合弁におけるTHH率の変化をみて
おく。

まず，産業別の動向からみていこう（図4-4）。

図4-4によると，欧州企業のTHH率は，装置産業と組立産業でともに
増加し続けている。また，組立産業におけるTHH率は装置産業における
値を常に上回っており，組立産業では装置産業よりも頻繁に欧州企業が合弁
を解消する傾向がある。とくに，組立産業においては，2005年（18年間）の
THH率がほぼ9割の水準にあり，この時点でほとんどの合弁が解消されて
いる。これらの動向は，先ほどみた欧州市場・日欧合弁における日本企業の
THH率の変化とほぼ同様である。

なお，各産業のTHH率に影響する可能性がある合弁の平均設立年は，

図4-4　日本市場・日欧合弁における欧州企業のTHH率の変化
（産業別）

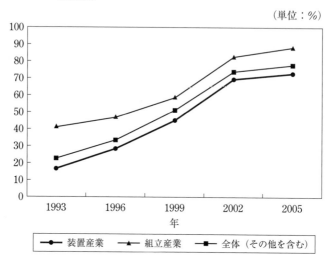

（単位：％）

凡例：装置産業　　組立産業　　全体（その他を含む）

装置産業では1971年，組立産業では1975年であった。合弁解消率と近似する
THH率は，本来であれば装置産業よりも新しい合弁が多い組立産業の方が
低い値となるはずであるが，分析結果はそうなっていない。厳密には合弁の
設立時期は，合弁出資の開始時と常に一致するとは限らないことに注意は必
要である。しかしながら，少なくとも合弁の平均設立時期についての産業間
の違いが，図4-4でみられる産業別のTHH率の違いに影響したとは考え
にくい。

　もうひとつの可能性としては，THH率が比較的高い（または低い）国籍
の欧州企業のデータが，一方の産業カテゴリーに偏在することである。そこ
で以下では，まずTHH率が比較的高い（または低い）国籍の欧州企業が存
在するかどうかを，全データおよび産業別データで確認する。さらに，
THH率が比較的高い（または低い）国籍の欧州企業を中心に，産業間の
THH率を国籍別に比較する。ただし，以下で検討する産業別の合弁データ
は少数である。このため，そこで得られた分析結果は，あくまでも本章にお
ける発見事実を確認するための参考データとして示すものである。また，デ

一タ数がきわめて少ない国籍カテゴリーについては分析しない。

3.9　欧州企業のTHH率の変化（全産業・国籍別）

　まず，日本市場・日欧合弁における欧州企業のTHH率の変化を，企業の国籍別にみていく（図4‐5）。

　図4‐5によれば，すべての期間においてイギリス企業のTHH率は欧州企業の中でもっとも高い値となっている。これと対照的なのがドイツ企業であり，全期間でTHH率がもっとも低い値で推移している。オランダ企業もドイツ企業ほどではないものの，THH率が比較的低い時期が多い。フランス企業とスイス企業については，THH率が高い時期と低い時期があり，全期間で一貫した特徴はみられない。

3.10　欧州企業のTHH率の変化（装置産業・国籍別）

　次に，装置産業における欧州企業のTHH率の変化を，国籍別にみてい

図4‐5　日本市場・日欧合弁における欧州企業のTHH率の変化
（全産業・国籍別）

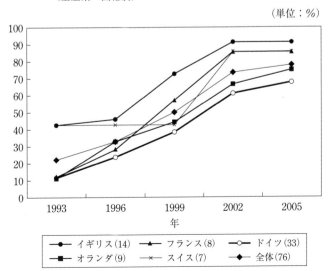

（単位：％）

凡例：イギリス(14)　フランス(8)　ドイツ(33)　オランダ(9)　スイス(7)　全体(76)

図4-6　日本市場・日欧合弁における欧州企業のTHH率の変化
（装置産業・国籍別）

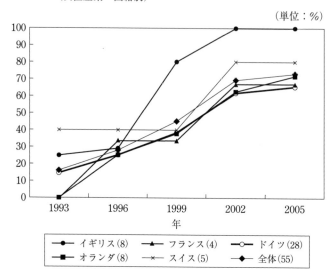

こう（図4-6）。

　図4-6によると，イギリス企業のTHH率の高さが目立つ。イギリス企業のTHH率は1993年（6年間）にはもっとも低い値である。しかし，その後THH率は急増して1999年（12年間）からはもっとも高い値が続き，2002年（15年間）には100％となっている。また，スイス企業のTHH率も1993年（6年間）と1996年（9年間）には欧州企業の中でもっとも高く，それ以降も比較的高い値で推移している。これに対して，フランス企業，ドイツ企業，オランダ企業はおおむね低いTHH率が続いている。

3.11　欧州企業のTHH率の変化（組立産業・国籍別）

　続いて，組立産業における欧州企業のTHH率の変化を，国籍別にみていこう（図4-7）。

　図4-7でもっとも顕著なのは，ドイツ企業のTHH率の低さである。ドイツ企業は全期間にわたって，イギリス企業やフランス企業よりもTHH

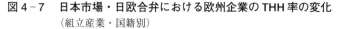

図4-7　日本市場・日欧合弁における欧州企業のTHH率の変化
（組立産業・国籍別）

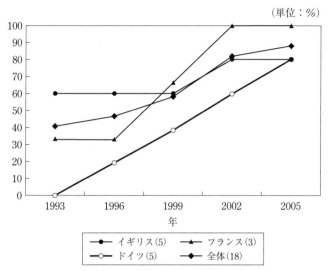

率が低い値となっている。イギリス企業とフランス企業については，それぞ
れTHH率が高い時期と低い時期が混在している。ただし，イギリス企業
のTHH率は1993年と1996年にもっとも高く，1999年と2002年は組立全体
とほぼ同じ，2005年は組立全体をやや下回る，というように全般的には
THH率が高い。フランス企業のTHH率は1993年と1996年は組立全体より
も低いが，1999年からはもっとも高い値が続いている。

　以上の分析結果から，ドイツ企業のTHH率が比較的低いという特徴が
まず明らかになった。また，イギリス企業とフランス企業については，
THH率が高い傾向もみられた。

　よって，イギリス企業やフランス企業をパートナーとする日欧合弁が組立
産業に，またはドイツ企業をパートナーとする日欧合弁が装置産業に，非常
に高い割合で含まれるならば，そのことが産業間のTHH率の違いに影響
した可能性がある。実際に，装置産業に含まれる55の日欧合弁のうち，ドイ
ツ企業をパートナーとする合弁は28ケース（装置産業全体の51%）を数え，

他の欧州国籍の企業と比べて突出して多い。このことが装置産業における
THH率の低さをもたらしたことは，ほぼ明らかである。

　しかしながら，それだけで組立産業が装置産業よりもTHH率が高いこ
とが説明される，というわけではない。つまり，装置産業と組立産業におけ
るTHH率あるいは合弁解消率の違いは，それぞれの産業特性によっても
たらされた可能性もある。このことを示すひとつの方法は，欧州企業の国籍
ごとに，産業間のTHH率を比較することである。

3.12　欧州企業のTHH率の変化（産業別・国籍別）

　図4-8はイギリス企業，ドイツ企業，フランス企業について，産業別の
THH率の変化を示したものである。

　図4-8によると，イギリス企業については，1993年と1996年では装置産
業よりも組立産業のほうがはるかに高いTHH率を示している。しかし，
1999年，2002年，2005年では組立産業よりも装置産業のほうが高いTHH

図4-8　日本市場・日欧合弁における欧州企業のTHH率の変化
（国籍別・産業別）

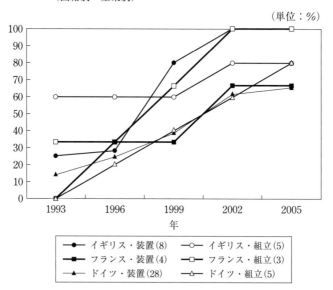

率を示している。期間としては装置産業の方が組立産業よりも THH 率が高い時期が多いものの，THH 率の差も含めて考えると，産業間の THH 率の差はそれほどない，ということもできる。

ドイツ企業の THH 率にかんしては，装置産業と組立産業における値がほぼ同じ比率で変化しており，両者の間でとくに顕著な差はみられない。装置産業と組立産業の THH 率は，前者が後者を上回る時期と後者が前者を上回る時期が 1 つずつあり，両者がほぼ同じ値となる時期が 3 つある。

フランス企業については，THH 率で組立産業が装置産業を上回る時期が 4 つあり，残りの 1 つの時期は両産業の値がほぼ同じである。よって，フランス企業については，各産業のデータは少ないものの，組立産業における THH 率が装置産業における THH 率を上回ることがほぼ明らかである。

これらの分析から，すべての欧州企業の国籍についていえるとはかぎらないが，組立産業の THH 率が装置産業の THH 率を上回る傾向が一部でみられるといえよう。この点からも，産業間の THH 率の違いは，データの構成上の要因だけではなく，産業特性あるいはそれに起因する企業行動の特性によってもたらされていると思われる。

4 結 論

本章では，THH 研究における学習競争的な見方から導出した操作仮説の検証を目的に，海外市場・日欧合弁における日本企業と欧州企業のパートナーシップ行動を分析してきた。

操作仮説の内容については，仮説 1，仮説 2，仮説 3 では，日本企業の過半数が THH 的な合弁行動（当初パートナーからの合弁株式の買収による完全子会社化，合弁の清算・破綻，当初パートナーまたは他社へのすべての合弁株式の売却）をとれば THH 研究の学習競争的な見方が支持される，と考える。ただし，仮説 1 では，THH 的な合弁行動に，当初パートナーからの合弁株式の買収，合弁の清算・破綻，当初パートナーまたは他社への合弁株式の売

却をすべて含む。仮説2では，THH的な合弁行動に，当初パートナーからの合弁株式の買収だけを含む。仮説3では，THH的な合弁行動に，当初パートナーからの合弁株式の買収と，合弁の清算・破綻を含む。また，仮説4では，THH的な合弁パートナーシップ行動をとる企業の割合について，日本企業の値が欧州企業の値よりも大きい場合は，THH研究の学習競争的な見方が支持される，と考える。

　分析結果としては，仮説1，仮説2，仮説3については，全産業のデータではいずれも支持されなかった。つまり，データ全体でみると，大半の日本企業は欧州市場においてTHH的な合弁解消行動はとっておらず，逆に合弁への出資を継続する傾向（合弁出資比率の継続，あるいは合弁解消にいたらない合弁出資比率の増加・減少）がみられた。

　産業別データを用いた操作仮説の検証では，まず装置産業の欧州市場・日欧合弁においては仮説1，仮説2，仮説3はいずれも支持されなかった。一方，組立産業では，仮説1のみが支持され，仮説2，仮説3は支持されなかった。ここで，仮説1が支持された理由として，THH的な見方が比較的成立しやすい分析期間を設定していることが考えられる。しかも，仮説1については数字的には，THH的な合弁行動をとった企業数と非THH的な合弁行動をとった企業数はほぼ拮抗しており，これが明確に支持されたと断言することは難しい。

　仮説4については，全産業の分析では統計的に10％の有意水準で支持された。つまり，海外市場の日欧合弁において，日本企業は欧州企業よりも頻繁にTHH的な合弁行動をとっていた。ただし，この仮説4は，産業別データの分析では，統計的な有意水準をもって支持されたわけではない。仮説4が全産業データの分析では統計的に支持されたにもかかわらず，産業別データの分析ではそうならなかった理由として，産業別のデータが少ないことがまず考えられる。また，日本企業のデータは欧州市場，欧州企業のデータは日本市場の合弁をそれぞれ分析している点では，各市場の経営環境特性から分析結果が影響を受けた可能性もある。

　さらに重要なのは，比較した欧州市場の日欧合弁（日本企業）と日本市場の日欧合弁（欧州企業）に含まれる産業別データの構成上の違いが，分析結果に影響した可能性である。後述するように，一般に組立産業において企業がTHH的な合弁行動をとる割合（THH率）は，装置産業における値を上回ると考えられる。THH率が高い組立産業の日欧合弁は，欧州市場（日本企業）のデータには57%，日本市場（欧州企業）のデータには23%含まれていた。つまり，日本企業のデータ（欧州市場）ではTHH率が高い組立産業の合弁が含まれる割合が大きく，欧州企業のデータ（日本市場）ではTHH率が低い装置産業の合弁が含まれる割合が大きい。この違いによって，全産業で分析した場合に仮説4が支持されたにもかかわらず，産業別の分析では仮説4が支持されなかった，と判断するのが妥当だろう。また，このような理解は，データ全体での仮説4の検証結果が，10%という決して高くはない有意水準で統計的に支持されたこととも整合的であると思われる。したがって，ここで仮説4が支持されたと結論づけることはできない。つまり，海外市場の日欧合弁において日本企業は欧州企業よりも頻繁にTHH的な行動をとるとは限らない，というのがわれわれの見解である。

　ただし，以上の仮説検証の結果とそれらについての解釈は，次章の国内合弁における出資行動の分析でも同様の結果が得られるかどうかを確認する必要があるだろう。

　また，本章のいくつかの発見事実は，THH研究や企業の合弁行動に対するわれわれの理解を深めるうえで，いくつかの示唆をもたらす。

　第1に，欧州市場・日欧合弁において，日本企業が合弁への出資を継続する傾向がみられたということである。9年間でみれば，過半数の日本企業が，日欧合弁への出資を続けていた。これは，THH的な見方にもとづく操作仮説が支持されなかったという分析結果の裏返しでもある。つまり，大半の日本企業は欧州市場の日欧合弁において，合弁の解消ではなく合弁を継続するというパートナーシップ行動をとっていた。

　第2に，合弁出資の継続に次いで，日本企業の間でもっとも多くみられた

合弁行動は，パートナーの合弁株式の買収であったことも興味深い。欧州市場・日欧合弁において3割近くの日本企業が，パートナーの合弁株式を買収して合弁を完全子会社化していた。パートナーの保有する合弁株式の買収は，合弁出資の継続と同様に，合弁との関係を維持する合弁行動である。これらをあわせると，8割以上の日本企業が合弁との関係を続けていたことになる。この傾向は，大半の日本企業が合弁を継続することによって，合弁パートナーとの組織間関係を維持する，という発見事実と整合的である。もちろん，これと同様の傾向が，他のパートナーの国籍・市場，あるいは立地環境（たとえば第5章の国内合弁）の合弁でも観察されるかどうかを今後調べる必要はある。その場合には，第2章でも述べたように，このことはたんに企業の合弁行動だけでなく，企業が重視する組織能力の範囲や，合弁事業の経済発展への貢献といった問題ともかかわっていることに留意せねばならない。これらの理論的・政策的な問題については，次章の分析結果もふまえたうえで，第6章であらためて議論する。

　第3に，産業間で合弁パートナーシップ行動の違いがみられたことである。欧州市場・日欧合弁においては，組立産業における日本企業のTHH率は，装置産業における値を常に上回っていた。同様に，日本市場・日欧合弁における欧州企業のTHH率についても，組立産業の値が装置産業の値を常に上回っていた。このような産業間のTHH率の違いは，産業別のデータ構成上の問題に起因する可能性も考えられるが，それ以外にも，産業特性の違いによってもたらされた可能性も考えられる。この点についても，次章の国内合弁におけるデータ分析の結果をふまえたうえで，第6章で考察する。

　第4に，合弁パートナーの国籍あるいは焦点企業の国籍の違いによって，合弁行動の違いがみられたことである。まず，欧州市場・日欧合弁では，ドイツ企業をパートナーとする合弁における日本企業のTHH率は低く，日本企業は合弁出資を継続する傾向がみられた。一方，イギリス企業やフランス企業，スペイン企業をパートナーとする合弁における日本企業のTHH率は比較的高く，日本企業は合弁解消行動をとる傾向がみられた。また，日

本市場・日欧合弁における欧州企業の合弁行動では，ドイツ企業の THH率は概して低く，合弁出資を継続する傾向がみられた。これに対して，イギリス企業の THH 率は，他の欧州企業と比較して THH 率が高く，日本企業との合弁を解消する傾向がみられた。ただし，これらの発見事実は，データ数が少ないために暫定的な内容ではある。これらの発見事実についても，次章の国内合弁の分析でも同様の視点から検討をおこない，その結果をふまえたうえで，第 6 章で議論する。

資　料

（1）全産業のデータにかんする THH 率の母比率の差の検定

　検定仮説は日本企業の THH 率と欧州企業の THH 率の間に差がないと考える。

　検定統計量 Z_0 は次のとおり計算される。

$$p = \frac{(Xj + Xe)}{(Nj + Ne)} = \frac{(16 + 24)}{(35 + 73)} = 0.3704$$

$$Z_0 = \left(\frac{Xj}{Nj} - \frac{Xe}{Ne}\right) \div \sqrt{p(1-p) \times \left(\frac{1}{Nj} + \frac{1}{Ne}\right)} = 1.2921$$

　これに対して有意水準 $\alpha = 0.10$ にたいする判定点は（片側検定であるから）$Z\alpha = 1.28$ である。したがって，$Z_0 > Z_\alpha$ となり，日本企業の THH 率と欧州企業の THH 率の間に差がないとするゼロ仮説は棄却され，日本企業の THH 率は欧州企業の THH 率を上回る傾向があることが認められる。なお，検定の確率価は $Pv = P(z > 1.291) = 0.9018 (< \alpha)$ である。

（2）装置産業のデータにかんする THH 率の母比率の差の検定

　検定統計量 Z_0 は次のとおり計算される。

$$p = \frac{(Xj + Xe)}{(Nj + Ne)} = \frac{(5 + 15)}{(15 + 53)} = 0.2941$$

$$Z_0 = \left(\frac{Xj}{Nj} - \frac{Xe}{Ne}\right) \div \sqrt{p(1-p) \times \left(\frac{1}{Nj} + \frac{1}{Ne}\right)} = 0.3782$$

　これに対して有意水準 $\alpha = 0.10$ にたいする判定点は（片側検定であるから）$Z_a = 1.28$ である。したがって，$Z_0 < Z_\alpha$ となり，日本企業の THH 率と欧州企業の THH 率の間に差がないとするゼロ仮説は棄却されない。なお，検定の確率価は $Pv = P(z > 0.3782) = 0.6473 (< \alpha)$ である。したがって，日本企業の THH 率が欧州企業の THH 率を上回る傾向があるとはいえない。

（3）組立産業のデータにかんする THH 率の母比率の差の検定

　検定仮説は日本企業の THH 率と欧州企業の THH 率の間に差がないと考える。

　検定統計量 Z_0 は次のとおり計算される。

$$p = \frac{(Xj + Xe)}{(Nj + Ne)} = \frac{(11 + 8)}{(20 + 17)} = 0.5135$$

$$Z_0 = \left(\frac{Xj}{Nj} - \frac{Xe}{Ne}\right) \div \sqrt{p(1-p) \times \left(\frac{1}{Nj} + \frac{1}{Ne}\right)} = 0.4821$$

これに対して有意水準 $\alpha = 0.10$ にたいする判定点は（片側検定であるから）$Z_\alpha = 1.28$ である。したがって，$Z_0 < Z_\alpha$ となり，日本企業の THH 率と欧州企業の THH 率の間に差がないとするゼロ仮説は棄却されない。なお，検定の確率価は $Pv = P(z > 0.3782) = 0.6851\,(<\alpha)$ である。したがって，日本企業の THH 率が欧州企業の THH 率を上回る傾向があるとはいえない。

なお，以上の全産業，装置産業，組立産業の合弁データの THH 率にかんする母比率の差の検定は，森田・久次（1993；1994）にもとづいている。

第5章　国内市場における日欧企業の合弁行動

1　は じ め に

　本章では，第3章で提示したTHH研究の学習競争的な見方にもとづく操作仮説について，日本市場・日欧合弁における日本企業の出資行動のデータを用いて検証する。また，一部の操作仮説において，この日本企業の合弁行動と比較対象となる，欧州市場・日欧合弁における欧州企業の出資行動についても分析する。

　分析に際して，以下では，本章で日本企業の国内合弁行動を分析するための操作仮説を，第3章で提示した操作仮説にもとづいて提示する。これは，前章でも述べたように，第3章の操作仮説がやや一般性の高い内容となっているためである。なお，操作仮説の構築にかんする議論は第3章を参照いただきたい。

　本章で検証する操作仮説は以下のとおりである。

【仮説1】日本市場・日欧合弁において，日本企業が欧州パートナーの保有する合弁株式を買収して合弁を完全子会社化する，合弁が清算・破綻となる，または日本企業が欧州パートナーまたはそれ以外の他社に合弁株式をすべて売却するケースの合計が，日本企業が合弁株式を保有し続けるケースの数を上回れば，THH的な見方は支持される。

【仮説2】日本市場・日欧合弁において，日本企業が欧州パートナーの保有する合弁株式を買収して合弁を完全子会社化するケースの数が，

　　　　日本企業が合弁株式を保有し続けるケースの数よりも多ければ，
　　　　THH 的な見方は支持される。

【仮説3】日本市場・日欧合弁において，日本企業が欧州パートナーの保有
　　　　する合弁株式を買収して合弁を完全子会社化する，または合弁が
　　　　清算・破綻となるケースの合計が，日本企業が合弁株式を保有し
　　　　続けるケースの数を上回れば，THH 的な見方は支持される。

【仮説4】日本市場・日欧合弁において，日本企業が欧州パートナーの保有
　　　　する合弁株式を買収して合弁を完全子会社化する，合弁が清算・
　　　　破綻となる，または日本企業が欧州パートナーまたはそれ以外の
　　　　他社に合弁株式をすべて売却するケースがデータ全体で占める割
　　　　合が，欧州市場・日欧合弁において，欧州企業が日本パートナー
　　　　の保有する合弁株式を買収して合弁を完全子会社化する，合弁が
　　　　清算・破綻となる，または欧州企業が日本パートナーまたはそれ
　　　　以外の他社に合弁株式をすべて売却するケースがデータ全体で占
　　　　める割合を上回れば，THH 的な見方は支持される。

　本章では，これらの操作仮説について，全産業のデータおよび産業別のデー
タを用いて検証作業をおこなう。
　また，前章と同様に，産業別および企業（焦点企業およびパートナー企業）
の国籍別の合弁パートナーシップ行動の分析をおこなう。本章でとりあげる
日欧合弁データに含まれる産業や欧州企業の国籍は多様であり，それらの違
いが企業の合弁行動に影響を与える可能性があるからである。
　加えて，受け入れ戦略という同じ合弁戦略の文脈のもとで，日本企業の合
弁行動と欧州企業の合弁行動とを比較する。具体的には，日本市場・日欧合
弁における日本企業の出資行動と，欧州市場・日欧合弁における欧州企業の
出資行動を比較分析する。これも同じ戦略的な文脈における合弁行動の日欧

比較という意味では，前章の海外合弁における出資行動の日欧比較と同様の
分析手法である。

　さらに，前章の分析結果も参照しながら，同じ合弁データにおける日本企
業と欧州企業の合弁行動についても比較する。これは前章にはない比較分析
である。本章の日本企業の国内合弁行動の分析では，前章の欧州企業の合弁
行動分析で利用した日本市場の合弁データをもちいる。また，本章の欧州企
業の国内合弁行動分析では，前章の日本企業の合弁行動分析で利用した欧州
市場の合弁データをもちいる。同じ合弁データにおける対応関係のもとで，
日本企業と欧州企業の合弁行動を比較することによって，両者の特徴がより
明らかになるであろう。ただしこの分析では，比較する日欧企業間の合弁戦
略の文脈が異なる点や，一方のパートナーの合弁解消行動が他方の合弁解消
行動につながる点に留意する必要もある。

　なお，データの収集方法と概観については，前章を参照いただきたい。

2　分　析　結　果

2.1　合弁出資の比率カテゴリーの変化

　本節では，日本市場・日欧合弁における日本企業の出資変化と，欧州市
場・日欧合弁における欧州企業の出資変化の分析結果を示す。

　まず，日本市場・日欧合弁における日本企業の出資比率の変化（1987―
1996年）を，比率カテゴリー別にみていこう（表 5 ‑ 1 ）。

　表 5 ‑ 1 によると，日本市場・日欧合弁における日本企業の出資比率がカ
テゴリー間で変化したケースは31（全体の40.8％），変化しなかったケースは
45（同59.2％）あった。つまり，合弁出資の比率カテゴリーが変化しなかっ
た企業の割合が，変化した企業の割合を上回っていた。

　合弁出資の比率カテゴリーが変化したケースの中には，比率カテゴリーが
95―100％に変化したケースが 8 （同10.5％）含まれていた。これを1987年の

表5-1　日本市場・日欧合弁における日本企業の出資比率の変化（比率カテゴリー別）

		1996年					
		0-5.0%	5.1-49.9%	50%	50.1-94.9%	95-100%	計
1987年	20-49.9%	6	4	1	0	0	11（14%）
	50%	9	5	30	0	4	48（63%）
	50.1-80%	1	1	0	11	4	17（22%）
	計	16（21%）	10（13%）	31（41%）	11（14%）	8（11%）	76

出所：Ishii and Hennart（2007a, 2009c），石井（2010）より。

比率カテゴリーの内訳でみると，50％が4ケース，50.1―80％が4ケースあった。また，比率カテゴリーが0―5％に変化したケースは16（同21%）あり，これを1987年の比率カテゴリーの内訳でみると，20―49.9％が6ケース，50％が9ケース，50.1―80％が1ケースとなっている。また，比率カテゴリーの変化がみられなかったケースについて，1987年の比率カテゴリー別にみると，20―49.9％が4ケース，50％が30ケース，50.1―80％が11ケースとなっている。

　次に，1987年の比率カテゴリーごとに，比率カテゴリーが変化した状況をみてみよう。1987年の出資比率が20-49.9％の企業では，比率カテゴリーが変化したケースが7（同一カテゴリー全体の63.6%），変化しなかったケースが4（同36.4%）あった。1987年の出資比率が50％の企業では，変化したケースが18（同37.5%），変化しなかったケースが30（同62.5%）あった。最後に，1987年の出資比率が50.1―80％のカテゴリーでは，変化したケースが6（同35.3%），変化しなかったケースが11（同64.7%）あった。つまり，日本企業の出資比率が少数の場合は，比率カテゴリーが変化するケースが多いが，折半出資や日本企業の出資比率が多数の場合は，比率カテゴリーが変化しないケースが多い。

　次に，欧州市場・日欧合弁における欧州企業の出資比率の変化（1987―1996年）についても，比率カテゴリー別にみていこう（表5-2）。

　表5-2によれば，欧州市場・日欧合弁において，欧州企業の合弁出資が

表5-2 欧州市場・日欧合弁における欧州企業の出資比率の変化 (比率カテゴリー別)

		1996年					
		0-5.0%	5.1-49.9%	50%	50.1-94.9%	95-100%	計
1987年	20-49.9%	5	5	0	0	0	10(26%)
	50%	5	1	7	0	0	13(34%)
	50.1-80%	9	1	1	4	0	15(39%)
	計	19(50%)	7(18%)	8(21%)	4(11%)	0(0%)	38

出所：Ishii and Hennart (2008c, 2009c)，石井 (2010) より。

比率カテゴリー間で変化したケースは22（全体の57.9%），変化しなかったケースは16（同42.1%）あった。つまり，過半数の欧州企業の合弁出資において，比率カテゴリーの変化がみられたことになる。これらは，表5-1の日本市場・日欧合弁における日本企業の合弁出資における比率カテゴリーの変化でみられた割合と，ほぼ同じ値である。

　また，欧州企業の合弁出資の比率カテゴリーが変化した中で，比率カテゴリーが95—100%に変化したケースはみられなかった。これは表5-1でみた日本企業の割合10.5%を下回る。また，欧州企業の比率カテゴリーが0—5%に変化したケースは19（同50%）あり，これは表5-1における日本企業の割合21%を大きく上回る。この欧州企業の比率カテゴリーが0—5%に変化したケースについて，1987年の比率カテゴリーの内訳をみると，20—49.9%が5ケース，50%が5ケース，50.1—80%が9ケースとなっていた。

　また，1987年における各比率カテゴリーの変化をみると，比率カテゴリーが20—49.9%の企業では，比率カテゴリーが変化したケースは5（同一カテゴリー全体の50.0%），変化しなかったケースは5（同50.0%）あった。1987年の比率カテゴリーが50%の企業では，変化したケースは6（同46.2%），変化しなかったケースは7（同53.8%）あった。そして，1987年の比率カテゴリーが50.1—80%の企業では，変化したケースは11（同73.3%），変化しなかったケースは4（同26.7%）あった。つまり，欧州企業の出資比率が多数の合弁では比率カテゴリーが変化する，出資比率が50%または少数の合弁では比

率カテゴリーがあまり変化しないという傾向がみられる。

2.2　合弁出資の変化の内容

　次に，国内市場における合弁出資の変化の中身についてみていこう。

　表5-3は，日本市場・日欧合弁における日本企業と，欧州市場・日欧合弁における欧州企業の出資変化について，変化の内容ごとに示したものである。表の見方は前章の表4-5と同様に，データ全体の合計を合計B，合計BからTHH行動と非THH行動のいずれのカテゴリーにも入らない変化の内容（焦点企業が当初パートナー以外の企業から合弁株式を買収することによる合弁の完全子会社化，焦点企業が当初パートナーまたは当初パートナー以外の企業を買収することによる合弁の完全子会社化，および当初パートナーまたは当初パートナー以外の企業の焦点企業に対する買収）を除いた数を合計Aとする。合計Aは，それぞれの合弁出資の変化内容にかんする企業の割合を示す時に，母数として利用する（ただし，一部の分析では合計Bを利用する）。

　表5-3によると，国内市場・日欧合弁における出資比率の変化内容について，日本企業と欧州企業の間でいくつかの違いがみられる。

　まず，パートナーの保有する合弁株式を買収して，合弁を完全子会社化した企業の割合では，日本企業の10ケース（合計Aの13％）が欧州企業の0ケース（同0％）を上回る。また，パートナーまたはそれ以外の他社に自社の合弁株式を売却して合弁から撤退したケースでは，逆に欧州企業の12ケース（同35.3％）が，日本企業の10ケース（同13％）を割合で上回る。合弁が清算・破綻となったケースについては，日本企業が5ケース（同7％），欧州企業が3ケース（同9％）と，ほぼ同じ割合となっている。

　以上のことから，国内合弁の解消にかんする日本企業の出資比率の変化内容では，パートナーの合弁株式の買収による合弁の完全子会社化が，もっとも多かった。一方，欧州企業は合弁株式の売却による合弁からの撤退が，もっとも多かった。これらの日本企業と欧州企業における合弁解消行動の特徴は，表5-1と表5-2でみた合弁出資比率のカテゴリー変化の分析結果と整

表5-3　国内市場・日欧合弁における日本企業と欧州企業の出資比率の変化

（内容別・産業別）

	N(装置産業/組立産業/その他)	
	日本企業	欧州産業
焦点企業が合弁を完全子会社化（出資比率95％以上を含む）	10(4/5/1)	0(0/0/0)
焦点企業が当初パートナーから合弁株式を買収	10(4/5/1)	0(0/0/0)
焦点企業が当初パートナーを買収	0(0/0/0)	0(0/0/0)
焦点企業が当初パートナー以外の企業から合弁株式を買収	0(0/0/0)	0(0/0/0)
焦点企業が当初パートナー以外の企業を買収	0(0/0/0)	0(0/0/0)
焦点企業の出資比率が増加（95％以上は含まない）	1(1/0/0)	1(0/1/0)[4]
焦点企業の出資比率が減少（5％以下は含まない）	6(5/1/0)[1]	6(3/3/0)
焦点企業が合弁から撤退（出資比率5％以下を含む）	15(11/4/0)	19(6/13/0)[5]
焦点企業が当初パートナーに合弁株式を売却	8(7/1/0)	11(3/8/0)
焦点企業が当初パートナー以外の企業に合弁株式を売却	2(0/2/0)[2]	2(2/0/0)
当初パートナーが焦点企業を買収	0(0/0/0)	3(0/3/0)
当初パートナー以外の企業が焦点企業を買収	0(0/0/0)	1(0/1/0)
合弁が清算・破綻	5(4/1/0)[3]	3(2/1/0)
焦点企業の出資比率の変化がない	44(34/10/0)	12(6/6/0)
合計A（合計Bから焦点企業が当初パートナー以外の企業から合弁株式を買収，焦点企業が当初パートナーまたは当初パートナー以外の企業を買収，当初パートナーまたは当初パートナー以外の企業が焦点企業を買収，を除いたもの）	76(55/18/3)	34(15/19/0)
合計B（全体の合計）	76(55/18/3)	38(15/23/0)

注(1)：新たなパートナー（欧州企業）を含む三者合弁（各パートナーが33.3％の出資）とするために，合弁がいったん解散された1ケース（食品）は，「日本企業の出資比率が減少」のケースとして数えた。

(2)：当初の欧州パートナーが1988年にそれ以外の企業に買収されたため，他社傘下となった当初の欧州パートナーに日本企業が合弁株式持分を売却して撤退した1ケース（精密機器）は，「焦点企業が当初パートナー以外の企業に合弁株式を売却」のケースとして数えた。

(3)：日本パートナーの出資比率が0％となった後に，当該合弁が企業として存続した形跡がない1ケース（食品）は，「合弁が清算・破綻」のケースとして数えた。

(4)：欧州企業と当初の日本パートナーがともに合弁持分株式の一部を別の欧州企業に売却して，各社33.3％出資の合弁となり，その後，当初の日本パートナーが合弁株式持分を欧州企業と上記の別の欧州企業にそれぞれ売却して，欧州企業の合弁出資比率が50％となった1ケース（電気機器）は，「焦点企業の出資比率が増加」（1ケース）として数えた。なお，このケースは日本企業の出資比率変化の分析では，「焦点企業が合弁から撤退」（1ケース），「焦点企業が当初パートナーに合弁株式を売却」（1ケース）および「焦点企業が当初パートナー以外の企業に合弁株式を売却」（1ケース）として数えた。

(5)：欧州企業が合弁株式持分を当初の日本パートナーに売却して撤退した1ケース（繊維）では，直後にその一部（30％）が別の日本企業に再度売却され，日本企業間の合弁となった（欧州企業の売却前より別の日本企業の出資は予定されていた）。このケースは「焦点企業が合弁から撤退」（1ケース），「焦点企業が当初パートナーに合弁株式を売却」（1ケース），「焦点企業が当初パートナー以外の企業に合弁株式を売却」（1ケース）として数えた。

合する内容となっている。さらに，これらは，前章でみた日本企業と欧州企業の海外合弁における解消行動の特徴とも一致している。

　次に，合弁出資を継続した変化内容でみてみよう。出資比率の変化がない合弁は，日本企業で44ケース（同58%）あり，欧州企業の12ケース（同35%）を割合で上回っている。これに出資比率の増加（95%以上を含まない）と減少（5%未満は含まない）を加えて，合弁出資を継続したケース全体でみると，日本企業が51ケース（合計Aの67%），欧州企業が19ケース（同56%）と，差は縮まるものの，依然として日本企業が欧州企業を割合で上回る。

　この結果は，前章の海外合弁における日本企業と欧州企業の出資行動を比較した結果とは，逆の内容となっている。つまり，日欧合弁への出資を継続した企業の割合でみると，海外市場における日本企業の値は欧州企業の値を下回っていた。これは，海外合弁を解消する企業の割合でみた場合は，前者が後者を上回ることも意味している。このような両者の特徴の違いが生じる要因としては，日本市場と欧州市場の合弁データに含まれる産業別データの比率の違いが考えられる。本章でも分析するが，組立産業における合弁は，装置産業における合弁と比べて，より多くの企業が解消行動をとる傾向がある。欧州市場の合弁データには組立産業の合弁が多く含まれ，日本市場の合弁データには装置産業の合弁が多く含まれている。この違いが，国内合弁における日本企業と欧州企業との出資行動の違いを生み出すひとつの要因になっていると考えられる。

2.3　仮説の検証（全産業）

　続いて，THH研究の学習競争的な見方から導出した操作仮説についての検証結果をみておく（表5-4）。

　表5-4によると，過半数の日本企業がTHH研究の学習競争的な見方から導出される合弁解消行動（当初の欧州パートナーの保有する合弁株式の買収による合弁の完全子会社化，当初パートナーまたはそれ以外の他社への合弁株式の売却による合弁からの撤退，合弁の清算・破綻）をとると考える仮説1，仮

説 2，仮説 3 はいずれも支持されなかった。

仮説 1 では，THH 的な合弁解消行動をとった日本企業の合計数が，非 THH 的な合弁行動（合弁出資比率の継続と合弁出資比率の増加，合弁出資比率の減少の合計）をとった日本企業の合計数を上回れば，日本企業が一般的に THH 行動をとると考える。分析結果によると，THH 的な合弁行動をとった日本企業の数は25あり，非 THH 的な合弁行動をとった日本企業の数51を下回っていた。よって，仮説 1 は支持されなかった。

仮説 2 では，THH 的な合弁解消行動のパターンに，当初の欧州パートナーの保有する合弁株式の買収による合弁の完全子会社化だけを含んでいる。分析結果によると，THH 的な合弁行動をとった日本企業の数は10あり，非 THH 的な合弁出資継続の行動をとった日本企業の数51を大幅に下回っていた。よって仮説 2 も支持されなかった。

仮説 3 では，欧州パートナーの保有する合弁株式の買収による，合弁の完全子会社化と，合弁の清算・破綻を，THH 的な合弁行動として考える。これらの合弁解消行動をとった日本企業の合計数は15あり，合弁出資を継続した日本企業の数51を下回る。したがって仮説 3 も支持されなかった。

表 5-4　仮説検証の結果（全産業）

	仮説内容	結　果
仮説 1	合弁株式買収（当初パートナー）＋合弁株式売却（当初パートナー＋他社）＋合弁清算/破綻＞出資継続（比率継続＋比率増加＋比率減少）	THH 行動（10＋10＋5）＜非 THH 行動（51）
仮説 2	合弁株式買収（当初パートナー）＞出資継続（比率継続＋比率増加＋比率減少）	THH 行動（10）＜非 THH 行動（51）
仮説 3	合弁株式買収（当初パートナー）＋合弁清算/破綻＞出資継続（比率継続＋比率増加＋比率減少）	THH 行動（10＋5）＜非 THH 行動（51）
仮説 4	日本企業 THH 率＞欧州企業 THH 率	日本企業 THH 率32.9%（25/76）＜欧州企業 THH 率44.1%（15/34）

出所：石井（2010）。

　次に，仮説4の分析結果についてみていく。仮説4では，THH的な合弁行動をとる企業が，全体（合計A）の中で占める割合（THH率）を，同じ合弁戦略の文脈のもとで日本企業と欧州企業の間で比較する。そして，日本企業のTHH率が欧州企業の値を上回る場合は，日本企業が欧州企業よりもTHH的な合弁行動をとる傾向があると考える。

　なお前章でも述べたように，THH的な合弁行動には，当初パートナー以外の企業が保有する合弁株式の買収による合弁の完全子会社化を除く，すべての合弁解消行動の内容が含まれている。表5-4にあるように，日本企業と欧州企業の国内合弁には，当初パートナー以外の企業からの合弁株式買収による，合弁の完全子会社化のケースはなかった。したがって，本章における日本企業と欧州企業のTHH率は，それぞれの合弁解消行動をとった企業の比率もあらわしている。

　さて，仮説4の分析結果であるが，日本企業のTHH率は32.9％と，欧州企業の44.1％を下回っていた。よって仮設4は支持されなかった。ただし，前章の分析結果と同様に，仮説4の分析結果は，データの構成上の要因によってもたらされた可能性は否定できない。たとえば，前章で明らかになったように，THH率の高い組立産業の合弁が，日本企業の合弁データには欧州企業の合弁データよりも高い割合で含まれている。このような要因が仮説4の分析結果に影響した可能性がある。このような産業別データの構成比の違いによる分析結果への影響を排除するために，以下では産業別の合弁データを用いて，操作仮説をあらためて検証する。

2．4　日本企業のTHH率の変化（産業別）

　以下では，国内市場の日欧合弁における日本企業の合弁パートナーシップ行動を産業別に分析する。

　まず，日本市場・日欧合弁における日本企業のTHH率の変化について，産業別にみていこう（図5-1）。

　図5-1によれば，日本市場・日欧合弁における日本企業のTHH率は，

図5-1 日本市場・日欧合弁における日本企業のTHH率の変化 (産業別)

(単位：％)

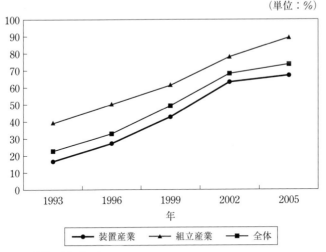

出所：石井 (2010)。

装置産業と組立産業の双方で1993年から2005年まで上昇している。とくに，組立産業においてはTHH率がほぼ一貫して増加している。一方，装置産業でもTHH率が増加する傾向があるが，2002年から2005年にかけては前の期からのTHH率の増加が鈍化している。また，この日本企業のTHH率の変化は，前章で同じ日本市場・日欧合弁のデータを用いて分析した欧州企業のTHH率 (図4-4) と，ほぼ同じ変化をみせている。

　もうひとつの特徴は，組立産業におけるTHH率が装置産業における値を常に上回ることである。先述したように，THH率は合弁解消率でもあるという点では，この特徴は，組立産業では装置産業よりも合弁がより解消される傾向があることを意味している。この組立産業では装置産業と比較して企業のTHH率が高いという特徴は，前章の欧州市場・日欧合弁における日本企業や，日本市場・日欧合弁における欧州企業の出資行動の分析でも同様にみられた。

　ただし，このような産業間のTHH率の違いは，各産業カテゴリーに含

まれる合弁データの構成の違いによって影響されている可能性はのこる。逆にいえば，このような可能性を排除することによって，各産業のもつ特性の違いが産業間の THH 率の差をもたらした，と考えることができるだろう。

　産業間の THH 率の違いをもたらしたデータ上の要因としては，まず産業ごとの合弁設立時期の違いが考えられる。たとえば，古い合弁がデータに多く含まれる産業ではより多くの合弁が解消されるため，THH 率もそれだけ高くなり，産業間の THH 率の違いが生じる可能性がある。しかし，前章でもみたように，合弁の平均設立年は装置産業で1971年，組立産業で1975年となっており，組立産業の方が平均して比較的新しい合弁が多く含まれる。厳密にはこの設立時期は合弁出資の開始時期とは一部異なる可能性もある。しかしながら，組立産業では装置産業と比べて新しい合弁が多く含まれることは，このデータからも推察される。したがって，合弁の設立時期の違いが産業間の THH 率の違いにつながったとは考えにくい。

　第2に，データに含まれる欧州パートナーの国籍の違いも考えられる。たとえば，日本企業の THH 率が低い国籍の欧州パートナーとの合弁が装置産業に集中する，あるいは日本企業の THH 率の高い特定国籍の欧州パートナーとの合弁が組立産業に集中する，というような場合である。この点については，後ほど欧州パートナーの国籍カテゴリーごとに，各産業の THH 率を比較したうえで検討する。

2.5　仮説の検証（産業別）

　では，産業別の仮説検証の結果についてみていこう。これは，先ほども述べたように，本章の全産業データを用いた仮説検証の結果が，産業別データの構成上の問題によって影響を受けている可能性を確認するためのものである。産業別の仮説検証をおこなうことで，このような要因が分析結果に及ぼす影響を排除できる。なお，産業別の合弁データは少数であるため，ここでは全産業のデータ分析にかんするわれわれの議論を補完するデータとして提示する。

　まず，装置産業における操作仮説の検証結果からみていこう。装置産業における日欧合弁データの分析では，仮説1，仮説2，仮説3，仮説4のすべての操作仮説が支持されなかった。

　組立産業の合弁データにかんする分析結果では，仮説1，仮説2，仮説3はすべて支持されなかった。

　ただし，仮説1については，THH的な合弁行動をとった企業数と，非THH的な合弁行動をとった企業数が同数となっている。この数値だけをみれば，仮説1が支持されないとはいいきれないかもしれない。しかしながら，前章でも述べたように，本書ではTHH研究の学習競争的な見方が比較的成立しやすい測定期間を採用している。すなわち，より厳密な測定期間を設定した場合は，THH的な合弁行動をとる企業が減少し，同時に非THH的な合弁行動をとる企業が増加し，仮説1が否定される分析結果となる可能性が高い。したがって，仮説1の分析結果から，過半数の日本企業はTHH行動をとっていない，または仮説1が支持されない，と結論づけることはほぼ問題ないであろう。

　また，組立産業における仮説4の分析結果では，日本企業のTHH率が欧州企業の値を若干上回っていたものの，両者の差について統計的な有意性は確認されなかった。両者の数値はほぼ拮抗しており，仮説4の検証結果にかんする統計的な有意性が確認されないことは，おおむね妥当であると考えられる。ただし，データ数が少数であるため，両者の差についての統計的な

表5-5　仮説検証の結果 （産業別）

	結果 （装置産業）	数値 （組立産業）
仮説1	THH （4＋7＋4）＜非THH （40）	THH （5＋3＋1）＝非THH （9）
仮説2	THH （84）＜非THH （40）	THH （5）＜非THH （9）
仮説3	THH （4＋7）＜非THH （40）	THH （5＋3）＜非THH （9）
仮説4	日本企業THH率27.3％ （15/55）＜欧州企業THH率40.0％ （6/15）	日本企業THH率50.0％ （9/18）＞欧州企業THH率47.4％ （9/19）

出所：石井 （2010）。

有意性が確認できない可能性も否定はできない。

　以上の産業別データの分析でも，すべての操作仮説は支持されなかったことを踏まえると，全産業のデータを用いた操作仮説の分析結果についてのわれわれの解釈も，おおむね妥当であると考えられる。

　ただし，産業別データの操作仮説の分析結果について，確認すべき問題も残されている。それは，先述したような，特定国籍の欧州パートナーとの合弁が各産業のデータに偏在することによって，産業間のTHH率の違いがもたらされている可能性である。

　そこで以下では，特定国籍の欧州パートナーとの合弁において，日本企業のTHH率が高い，あるいは低いケースがあるのかどうかをまず確認する。さらに，欧州パートナーの国籍ごとに，産業間のTHH率の比較分析をおこなう。

2.6　日本企業のTHH率の変化（全産業・パートナー国籍別）

　まず，日本市場・日欧合弁における日本企業のTHH率の変化について，欧州パートナーの国籍別（図5-2）にみていこう。なお，データ数が少ないパートナー国籍のカテゴリーは除外している。

　図5-2によると，まず，ドイツ企業をパートナーとする合弁において，日本企業のTHH率は全期間にわたってもっとも低い値となっている。これは，同じ日独合弁のデータにおけるドイツ企業のTHH率の変化（図4-5）と，ほぼ同様の推移を示している。

　一方，イギリス企業をパートナーとする合弁では，日本企業のTHH率が相対的に高い傾向がみられる。イギリス企業の合弁におけるTHH率は，1993年，1996年，1999年にもっとも高い値となっており，2002年と2005年の値も高い水準である。ただし，これを前章の同じ日英合弁におけるイギリス企業のTHH率（図4-5）と比較すると，日本企業の値の方がやや低い水準で推移している，という違いもある。

　オランダ企業をパートナーとする合弁では，ドイツ企業との合弁に次ぐ低

図 5 - 2 日本市場・日欧合併における日本企業の THH 率の
変化 (全産業・パートナー国籍別)

(単位：%)

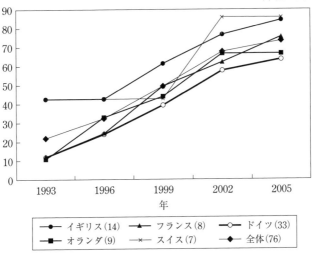

出所：石井 (2010)。

い水準で日本企業の THH 率が変化している。オランダ企業との合弁にお
ける日本企業の THH 率は，1993年，1999年，2005年にはデータ全体より
も低い値となっており，1996年と2002年にはデータ全体とほぼ同じ値である。
これを同じ日蘭合弁におけるオランダ企業の THH 率 (図 4 - 5) と比較す
ると，一部で日本企業の値の方が低い年もあるものの，ほぼ同様の変化とな
っている。

　フランス企業をパートナーとする合弁では，日本企業の THH 率はデー
タ全体の変化とほぼ同様の変化をみせている。フランス企業との合弁におけ
る THH 率は，1993年にはもっとも低い値であるが，それ以外の年はデー
タ全体と同じ水準の値が続いている。これを同じ日仏合弁におけるフランス
企業の THH 率の変化 (図 4 - 5) と比較すると，日本企業の値の方がやや
低い水準で推移している。

　スイス企業をパートナーとする合弁では，日本企業の THH 率は高い時

期と低い時期が混在しており，全体的に一貫した特徴はあまりみられない。
この変化は，同じ合弁データにおけるスイス企業のTHH率の変化（図4-
5）とほぼ同様の内容となっている。

2.7　日本企業のTHH率の変化（装置産業・パートナー国籍別）

　続いて，装置産業におけるパートナー国籍別のTHH率の変化をみてい
こう（図5-3）。なお，データ数が少ないパートナー国籍のカテゴリーは除
外している。

　図5-3によると，装置産業においては，スイス企業をパートナーとする
合弁において，日本企業のTHH率がもっとも高い値で推移している。ス
イス企業との合弁における日本企業のTHH率は，1993年，1996年，2002
年にもっとも高い値となっており，1999年と2005年も比較的高い値を示して
いる。この変化は，同じ合弁データにおけるスイス企業のTHH率の変化

図5-3　日本市場・日欧合弁における日本企業のTHH率の変化
（装置産業・パートナー国籍別）

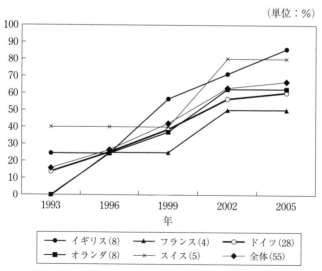

出所：石井（2010）。

（図4‐6）と同様の内容となっている。

　これに次いで日本企業のTHH率が高いのは，イギリス企業をパートナーとする合弁である。イギリス企業との合弁における日本企業のTHH率は，1999年と2005年においてもっとも高く，他の年でも比較的高い値となっている。この変化を同じ日英合弁におけるイギリス企業のTHH率の変化（図4‐6）と比較すると，イギリス企業の方が全体的に高い値で推移している。

　一方，フランス企業との合弁においては，日本企業のTHH率は，すべての期間においてもっとも低い値で推移している。これを同じ日仏合弁におけるフランス企業のTHH率の変化（図4‐6）と比べると，フランス企業の方が全体的にやや高い水準となっている。

　同様に，日本企業のTHH率が低い水準にあるのが，ドイツ企業をパートナーとする合弁である。ドイツ企業との合弁における日本企業のTHH率は，おおむねデータ全体のTHH率を下回る水準で推移している。この変化は，同じ日独合弁におけるドイツ企業のTHH率の変化（図4‐6）と，ほぼ同様の内容となっている。

　オランダ企業をパートナーとする合弁においては，日本企業のTHH率はデータ全体の値とほぼ同じ変化となっている。また，これを同じ日蘭合弁におけるオランダ企業のTHH率の変化（図4‐6）と比べた場合，オランダ企業の方が高い一部の年を除けば，ほぼ同様の内容となっている。

2.8　日本企業のTHH率の変化（組立産業・パートナー国籍別）

　組立産業における日本企業のTHH率の変化についても，パートナー国籍別にみておこう（図5‐4）。ここでもデータ数の少ない国籍カテゴリーは除外している。

　図5‐4によると，一貫して日本企業のTHH率がもっとも低い値で推移しているのが，ドイツ企業をパートナーとする合弁である。この動向は，同じ日独合弁のデータにおけるドイツ企業のTHH率の変化（図4‐7）と一

図5-4　日本市場・日欧合弁における日本企業のTHH率の変化
（組立産業・パートナー国籍別）

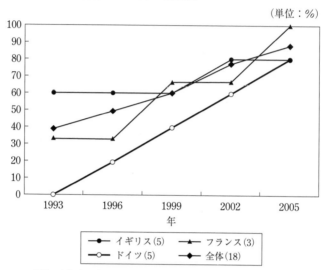

出所：石井（2010）。

致している。

　日本企業の THH 率が比較的高いのは，イギリス企業をパートナーとする合弁である。イギリス企業との合弁における日本企業の THH 率は，1993年と1996年，2002年においてもっとも高い値となっており，1999年の値も比較的高い水準にある。ただし，2005年には低い値になっている。この変化は，同じ日英合弁のデータにおけるイギリス企業の THH 率の変化（図4-7）と一致した内容となっている。

　フランス企業との合弁における日本企業の THH 率は，高い時期と低い時期が混在しており，全体として大きな特徴はみられない。また，これを同じ日仏合弁のデータにおけるフランス企業の THH 率の変化（図4-7）と比較すると，ほぼ同様の推移ではあるが，フランス企業の方が値が高い年も一部ある。

2.9　日本企業の THH 率の変化（産業別・パートナー国籍別）

　ここで，欧州パートナーの国籍カテゴリー別に，日本企業の THH 率を産業間で比較する（図5-5）。ただし，データ数が少ない国籍カテゴリーは除外している。

　図5-5によると，イギリス企業との合弁における日本企業の THH 率では，組立産業の値が装置産業の値をおおむね上回っている。1993年，1996年，2002年には，組立産業の THH 率は装置産業の値よりも大きく，1999年と2005年は両産業の値がほぼ同じレベルにある。

　ドイツ企業との合弁における日本企業の THH 率では，組立産業と装置産業の間でいずれか一方が他方よりも常に高いという特徴はみられない。1993年は装置産業の値が組立産業の値よりもやや大きい。しかし，1996年，1999年，2002年は両産業の値はほぼ同じである。そして，2005年は組立産業

図5-5　日本市場・日欧合弁における日本企業の THH 率の変化
（パートナー国籍別・産業別）

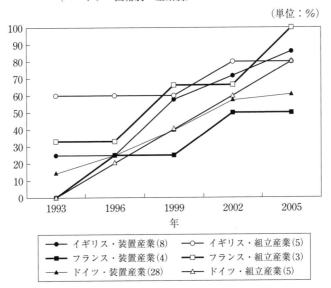

出所：石井（2010）。

の値が装置産業の値を上回っている。

　フランス企業をパートナーとする合弁では，すべての期間における日本企業のTHH率は，組立産業における値が装置産業における値を上回っている。

　これらをまとめると，日本企業のTHH率について組立産業の値が装置産業の値を上回る傾向は，全体的にはある程度観察されるといえる。確かに，装置産業と組立産業ともに，ドイツ企業との合弁における日本企業のTHH率は比較的低い。前章の分析結果を考慮しても，ドイツ企業をパートナーとする合弁が継続することは，ある程度一般性が高い傾向なのかもしれない。そして，日本企業があまり解消行動をとらない（または比較的継続する）ドイツ企業との合弁が，日本市場・日欧合弁の装置産業に数多く含まれている。このことが，図5‒1でみられた組立産業のTHH率が装置産業のTHH率を上回る傾向に影響をあたえている可能性はある。

　しかし，産業別のTHH率を欧州パートナーの国籍別に比較分析した結果からは，各産業における環境要因が，企業の合弁行動に影響している可能性も考えられる。つまり，前章でも述べたように，産業間のTHH率の違いは，各産業カテゴリーに含まれる合弁データの構成（パートナー国籍）上の問題だけでなく，産業ごとの特性にも起因すると考えられる。企業の合弁行動に影響する産業別の特性については，第6章であらためて議論する。

2.10　欧州企業のTHH率の変化（産業別）

　ここで，欧州企業の国内合弁におけるTHH率の変化についてみておこう。

　図5‒6は，欧州市場・日欧合弁における欧州企業のTHH率の変化を産業別に示したものである。

　図5‒6によると，装置産業と組立産業における欧州企業のTHH率は，ともに2002年まで一貫して上昇している。その後2002年から2005年にかけては，両産業のTHH率は変化していない。

図 5 - 6　欧州市場・日欧合弁における欧州企業の THH 率の変化（産業別）

（単位：%）

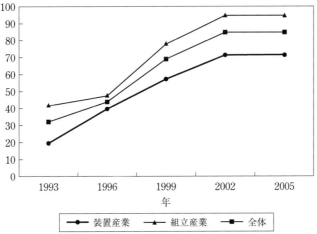

出所：石井（2010）。

　また，組立産業の THH 率は装置産業の THH 率を常に上回っていると
いうのもひとつの特徴である。1996年には両産業の THH 率の差は若干縮
小するものの，1993年，1999年，2002年，2005年には組立産業の THH 率
が装置産業の THH 率を約20%上回っている。

　これらは，前章の同じ欧州市場・日欧合弁のデータ（図 4 - 1 ）における
日本企業の THH 率の変化でみられた特徴とほぼ同じ内容である。ただし
細かい部分では，若干の違いもある。たとえば，欧州企業の THH 率は両
産業ともに2002年から2005年にかけて変化していないのに対し，日本企業の
THH 率はこの期間に装置産業の値だけが変化しておらず，組立産業の値は
100%まで上昇している。また，各産業の THH 率は，欧州企業のデータで
は一部（1996年）で差が縮まるものの，おおむね組立産業が装置産業を上回
る。一方，日本企業の THH 率のデータでは一定の差を保ちつつ，組立産
業の値が装置産業の値を上回っている。しかも，その差は小さい年で約20%，
大きい年では30%をこえることもあり，日本企業では欧州企業よりも産業間

のTHH率の差が大きい。

　先ほども述べたように，このような産業間のTHH率の違いは，産業ごとの特性によって生じていると考えられる。そのことを確認するために次の作業をおこなう。まず，欧州企業の国籍別にTHH率を比較し，THH率が高いまたは低い国籍の欧州企業の存在について把握する。そのうえで，THH率の高さ・低さが顕著な国籍の欧州企業の合弁が産業別データに偏在することが，産業間のTHH率の違いに影響した可能性について検討する。

2.11　欧州企業のTHH率の変化（全産業・国籍別）

　図5-7は，欧州市場・日欧合弁における欧州企業のTHH率の変化を国籍別に示したものである。なお，データ数の少ない国籍カテゴリーについては，除外している。

　図5-7でもっとも顕著な特徴は，ドイツ企業のTHH率の低さである。

図5-7　欧州市場・日欧合弁における欧州企業のTHH率の変化
（全産業・国籍別）

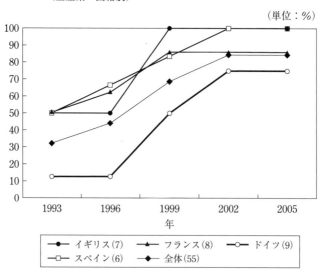

出典：石井（2010）。

ドイツ企業のTHH率はすべての期間にわたって，もっとも低い値となっている。また，これを同じ日独合弁のデータにおける日本企業のTHH率の変化（図4-2）と比較すると，ドイツ企業の方が日本企業よりもおおむね低い値となっている。つまり，同じ日独合弁においては，ドイツ企業の方が日本企業よりも合弁出資を継続する傾向がみられるのである。

　一方で，THH率の高さが目立つのはイギリス企業である。イギリス企業のTHH率は，1993年，1999年，2002年，2005年においてもっとも高い値となっており，1996年のTHH率も比較的高い値である。これを同じ日英合弁における日本企業のTHH率の変化（図4-2）と比較した場合は，イギリス企業の値が日本企業の値をほとんどの年で上回っている。

　スペイン企業のTHH率も，イギリス企業と同様に高い値で推移している。スペイン企業のTHH率は，1993年，1996年，2002年，2005年にもっとも高い値であり，1999年でも比較的高い値となっている。また，このスペイン企業のTHH率の変化は，同じ日西合弁における日本企業のTHH率の変化（図4-2）と一致した内容となっている。

　フランス企業については，イギリス企業やスペイン企業ほどではないが，比較的高い値で推移している。フランス企業のTHH率は，欧州企業全体のTHH率を1993年，1996年，1999年に上回っている。また，2002年と2005年のフランス企業と欧州企業全体のTHH率はほぼ同じ水準である。さらに，フランス企業のTHH率の変化は，同じ日仏合弁における日本企業のTHH率の変化（図4-2）と，一部で値が若干異なる以外は，ほぼ同様の内容となっている。

　ところで，欧州企業の国籍別のTHH率は，各カテゴリーに産業別の合弁データがどの程度含まれるかによってもことなる可能性がある。産業特性の違いが企業の合弁解消行動に影響を与える可能性があるからである。

2.12　欧州企業のTHH率の変化（組立産業・国籍別）

　そこで，日本企業の国内合弁行動の分析と同様に，以下では組立産業につ

図5-8　欧州市場・日欧合弁における欧州企業のTHH率の変化
（組立産業・国籍別）

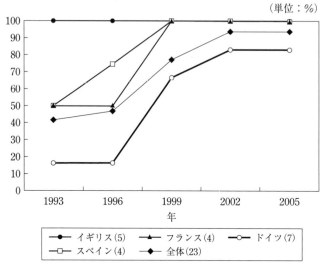

（単位：%）

出所：石井（2010）。

いて欧州企業のTHH率の変化を分析する（図5-8）。なお，欧州企業の国籍別のデータがきわめて少ない装置産業については分析しない。

　図5-8によると，組立産業では，イギリス企業のTHH率の高さが顕著である。すべての期間にわたりイギリス企業のTHH率は100%である。これを同じ日英合弁における日本企業のTHH率の変化（図4-3）と比べても，イギリス企業の方がより高い水準となっている。

　一方，ドイツ企業のTHH率の低さも目立っている。ドイツ企業のTHH率はすべての期間でもっとも低い値となっている。また，この変化を同じ日独合弁における日本企業のTHH率の変化（図4-3）と比べると，全体的にドイツ企業の方が日本企業よりも低い値で推移している。これも，上記の日英合弁とは逆の結果となっている。

　イギリス企業に次いで，スペイン企業のTHH率の高さも目立っている。これを同じ日西合弁における日本企業のTHH率の変化（図4-3）と比べ

ると，両者はほぼ同様の動向をみせている。

　最後に，フランス企業のTHH率については，常にデータ全体の値を上
回っており，比較的高いレベルで推移しているといえよう。これを同じ日仏
合弁における日本企業のTHH率の変化（図4‐3）と比べると，ほぼ同様
の内容となっている。ただし，フランス企業のTHH率が日本企業のTHH
率を上回る年も一部でみられる。

3　結　　論

　本章では，日本市場・日欧合弁における日本企業の出資行動のデータを用
いて，THH研究の学習競争的な見方から導出された操作仮説を検証した。
分析の結果，日本企業の過半数がTHH的な合弁解消行動をとると考える
仮説1と仮説2，仮説3はすべて支持されなかった。また，欧州企業よりも
日本企業がより頻繁にTHH的な合弁行動をとると考える仮説4も支持さ
れなかった。

　また，これらの操作仮説は，産業別のデータ分析による検証作業において
も，いずれも支持されなかった。組立産業ではTHH的な合弁行動をとっ
た企業数と非THH的な合弁行動をとった企業数が同数となり，仮説1が
強く否定されたわけではない。しかしながら，本書ではTHH的な見方が
比較的成立しやすい分析期間を採用している点で，仮説1は支持されない，
という結論はおおむね妥当だと思われる。これらの分析結果から，一般に日
本企業はTHH的な合弁解消行動をとっている，というTHH論者たちの
主張は，国内合弁では成り立たない可能性が高いことが分かった。

　また，本章の分析結果は，日本企業が国内市場の日欧合弁において，比較
的継続的なパートナーシップ行動をとっていることも同時に示している。9
年間の分析期間において，日本企業の中で合弁出資比率の変化がない企業の
割合は58％にものぼり，欧州企業の値である35％を大きく上回っていた。こ
れに合弁出資比率の増加・減少のケースを加えて，合弁への出資を続けた企

業の割合でみても，日本企業の69％は欧州企業の56％を上回っていた。

さらに，日本企業の合弁解消行動では，パートナーの保有する合弁株式を買収することによる合弁の完全子会社化がもっとも多くみられるパターンであった。この特徴は，前章の海外市場・日欧合弁における日本企業の合弁パートナーシップ行動の分析結果と一致する。パートナーの合弁株式の買収はTHH的な合弁解消行動として解釈することもできるが，そのような解釈では，日本企業の大半が合弁出資を継続している事実と整合的ではない。むしろ，合弁を解消しなければならない場合でも，日本企業は合弁を完全子会社化することによって，合弁との関係を継続しようとしていたと考えることもできる。つまり，日本企業は合弁パートナーとの関係を解消する際も，合弁を買収することで，自社と合弁との組織間関係を継続し，合弁組織も含めた協働価値を高めようとしてきたと考えられる。したがって，日本企業は合弁パートナーあるいは合弁との関係継続を重視していることが推察される。加えて，日本企業が自社だけでなく他社との協働も含むレベルでの能力構築を重視してきたことや，日本企業の国内合弁の実施が国内の経済開発に一定の役割を果たしてきたことも推察される。これらの点については，前章の分析結果もあわせて次章でくわしく議論する。

また，組立産業では装置産業と比較して，THH的な合弁解消行動をとる企業の割合が大きいことも明らかになった。このことは一方で，装置産業では組立産業と比べて，企業が合弁出資を継続する傾向があることも示している。これも，前章の海外合弁の出資変化の分析で観察された特徴と同じである。この産業間の合弁行動の違いがもたらされる要因についても，次章であらためて考察する。

さらに，欧州パートナーの国籍の違いによって，日本企業の国内合弁におけるパートナーシップ行動に違いがみられた。同様に，欧州企業の国内合弁におけるパーナーシップ行動でも，国籍別の違いが観察された。これらのことから国内合弁においても，国籍の違いによって欧州企業あるいはその合弁パートナーである日本企業の合弁行動がことなると考えられる。

　とくに，日本企業はドイツ企業をパートナーとする国内合弁において，出資を継続することが，データ分析で確認された。同様に，ドイツ企業も，欧州市場における日欧合弁において出資を継続する傾向がみられた。また，イギリス企業をパートナーとする国内合弁では，日本企業は合弁解消行動をとる傾向がみられた。一方，イギリス企業は，欧州市場の日欧合弁において，合弁解消行動をとる傾向がみられた。また，これら以外にも欧州企業（または欧州パートナー）の国籍別の合弁行動の違いがいくつか明らかになった。しかし，全体的にみられた日欧合弁の特徴としては，日独合弁については継続する傾向，日英合弁については解消する傾向をあげることができる。そして，これらの傾向は，前章の海外市場における日欧合弁の分析においても，同様に観察された特徴である。この点についても次章であらためて論じる。

資　料

（1）装置産業の合弁データにおける THH 率の母比率の差の検定

　検定仮説は日本企業の THH 率と欧州企業の THH 率の間に差がないと考える。

　検定統計量 Z_0 は次のとおり計算される。

$$p = \frac{(Xj + Xe)}{(Nj + Ne)} = \frac{(6 + 15)}{(15 + 55)} = 0.3$$

$$Z_0 = \left(\frac{Xj}{Nj} - \frac{Xe}{Ne}\right) \div \sqrt{p(1-p) \times \left(\frac{1}{Nj} + \frac{1}{Ne}\right)} = 0.5750$$

　これにたいして有意水準 $\alpha = 0.10$ に対する判定点は（片側検定であるから）$Z_a = 1.28$ である。したがって，$Z_0 < Z_a$ となり，日本企業の THH 率と欧州企業の THH 率の間に差がないとするゼロ仮説は棄却されない。なお，検定の確率価は $Pv = P(z > 1.291) = 0.7173 (< \alpha)$ である。したがって，日本企業の THH 率が欧州企業の THH 率を上回る傾向があるとはいえない。

　なお，装置産業の合弁データにおける THH 率にかんする母比率の差の検定は，森田・久次（1993；1994）にもとづいている。

第6章　分析結果からの含意

1　はじめに

　本章では，日本企業および欧州企業の合弁パートナーシップ行動にかんする本書の分析結果をふまえて，それらの理論的・実践的・政策的な含意について議論する。まず，THH研究の学習競争的な見方から導出した操作仮説についての実証結果について検討する。あわせて，本書で日本企業と欧州企業の合弁パートナーシップ行動を分析することによって明らかになったいくつかの発見事実についても考察する。さらに，今後の研究課題についても検討する。

2　日本企業の合弁行動

　本書の分析結果では，日本企業は欧州市場と日本市場の日欧合弁において，THH論者たちが指摘したパートナーシップ行動を一般的にとるとは限らないことが示された。つまり，THH論者の主張した合弁解消行動（パートナーの保有する合弁株式の買収による合弁の完全子会社化，自社の保有する合弁株式のパートナーまたは他社への売却による合弁からの撤退，合弁の清算・破綻）は，一般的な日本企業の合弁行動ではなかった。むしろ大半の日本企業は，合弁への出資を継続していた（合弁出資比率の継続，および合弁の子会社化や合弁からの撤退を除く合弁出資比率の増減を含む）のである。

　実証分析では，基本的にふたつのタイプの操作仮説についての検証作業をおこなった。

　ひとつ目は，日本企業におけるTHH的な合弁行動の一般性を問う操作

仮説である（操作仮説では，過半数の日本企業が THH 的な合弁行動をとると考える）。この操作仮説は支持されなかった。すなわち，過半数の日本企業は，欧州市場および日本市場の日欧合弁において，これを解消するのではなく，合弁形態を維持しながら出資を続けていた。

　ふたつ目の操作仮説は，日本企業と欧米企業の合弁行動を，同一の国際合弁戦略の文脈のもとで比較し，どちらがより THH 的な合弁行動をとっているのかを問うものである（操作仮説では，日本企業の方が欧州企業よりも頻繁に THH 的な合弁行動をとると考える）。この操作仮説も支持されなかった。すなわち，日本企業が欧州企業よりも頻繁に THH 的な合弁行動をとる，という傾向は確認されなかった。

　これらの分析結果から，日本企業は一般に THH 論者が指摘するような合弁解消行動はとっていない，ということが明らかになった。このことから，日本企業が合弁パートナーとの価値占有競争よりも，合弁を通じたパートナーとの価値創造をより重視してきたことが推測される。

　実は，日本企業が組織間協働における価値創造を重視してきたことは，日本企業の合弁解消のパターンでも示されている。日本企業は欧州パートナーとの合弁を解消する際，その大半においてパートナーの合弁株式を買収し，合弁を完全子会社化している。第3章で論じたように，合弁の完全子会社化は，THH 的な学習競争行動がもっとも反映された合弁解消行動だと解釈することもできる。合弁を完全子会社化すれば，合弁に移転されたパートナーの知識をそのまま活用できるからである。しかも，自社知識が移転された合弁を将来パートナーが買収し，合弁が自社と競合する可能性を排除することもできる。しかしながら，合弁の完全子会社化は，THH 的な合弁行動だけによって起こるわけではない。たとえば，欧州パートナーが何らかの事情で合弁からの撤退を決め，合弁株式を売却することになった場合，他社に売却されて合弁パートナーが変わってしまうのを避けるために，日本企業がそれを買い取る場合もあるかもしれない。後述するように，実際にはそのようなケースが少なくないと考えられる。しかも，合弁の完全子会社化が THH

的な合弁行動によってのみ引き起こされるという解釈では，大半の日本企業が合弁への出資を継続するという，われわれの発見事実と矛盾する。また，そのような解釈は，日本企業が一般に組織間協働における価値創造を重視する，というわれわれの理解とも整合的でない。

このように考えると，合弁の完全子会社化は，THH 的な合弁解消行動というよりは，むしろ合弁をつうじた価値創造を重視した結果としてもとらえることができる。日本企業の多くは，合弁を自社の価値創造活動の一部とみなしてきた。そして，何らかの事情でパートナーとの合弁関係を解消しなければならない場合でも，合弁を完全子会社化して自社と合弁事業との関係を継続してきた。このように考える方が，日本企業が合弁出資を継続するという発見事実とも整合的である。したがって，日本企業は日欧合弁において，自社と合弁パートナーまたは合弁との関係の継続をつうじた価値創造を重視してきた。その結果，日本企業は大半の合弁において出資を継続し，やむをえず合弁を解消する場合は合弁を完全子会社化し，それを自社の価値創造活動を担う組織として引き続き活用してきたと考えられる。

合弁では，合併や買収等によってパートナーの戦略やパートナー自体が変更された場合，それに伴い合弁運営が大きく影響を受ける可能性が高い。実際に，このような問題を回避するために，一方のパートナーが他方の合弁株式を優先的に買収できる契約を結ぶこともある。ある欧州市場における日欧合弁では，欧州パートナーが別の企業によって買収された。この時に，日本パートナーは，新たなパートナーと合弁を運営する選択肢もあったが，従来の合弁運営のあり方が大きく変わることが予想された。そこで，日本パートナーは，欧州パートナーのもつ合弁株式を買収し，合弁を完全子会社化した。これができたのは，合併や買収等により一方のパートナーの戦略等が変わる場合は，そのパートナーの合弁株式を優先的に他方が買収できる，という合弁契約がなされていたからである。一方のパートナーの事情によって，合弁における事業運営が大幅に変更される可能性があれば，他方が優先的に合弁の完全子会社化を選択できる余地が残されていた。これは，一方のパートナ

一の事情で状況が大きく変わりうる場合でも，他方が合弁事業の安定的な運営を継続できる仕掛けである。すべての合弁でこのような契約が存在するとは限らない。しかし，一方のパートナーが合弁から撤退する場合，合弁を自社の価値創造活動の一部と認識している他方のパートナーは，新たなパートナーとの合弁も考慮に入れつつも，合弁事業を安定的に操業することも重視するであろう。だからこそ，欧州パートナーが他社に合弁株式を売却するのを防ぐために，日本企業は自ら合弁株式を買収して，合弁を完全子会社化したと考えられる。

　以上のことから，本書の分析結果は，THH研究における日本企業の合弁パートナーシップ行動に対する見方については，再検討の必要があることを示しているといえる。

　ただし，われわれは，日本企業が合弁において欧州パートナーから知識や技術を学習したという事実を否定しているわけではない。むしろ，われわれのインタビュー調査からも，欧州パートナーからの学習を当初から意図していた，または結果的に欧州パートナーから学習した日本企業は少なからず存在した，といえる。しかし，それらの日欧合弁についても，日本企業が欧州パートナーから知識を学んだ後に，日本企業の側から合弁解消を申し出たケースはほとんどみられなかった。どちらかといえば，欧州パートナーが自社の経営不振や合併，非買収等によって合弁からの撤退を決定し，これを受けて日本企業が合弁を完全子会社化したケースが多くみられる。また，合弁事業そのものの不振によって，合弁が清算・破綻となったケースもいくつかみられた。

　こういった合弁解消のプロセスについては，竹田（1996）等の研究もある。しかしながら，後述するような出資比率の変動なども含めた，より長期的で詳細な経緯にまで踏み込んだ合弁解消の分析はほとんどおこなわれていない。今後は，このような観点から研究をおこなう必要もあるだろう。

3 外部連携も含めた組織能力

　本書の分析結果は，日本企業が重視してきた組織能力の範囲という問題に
ついても，示唆をもたらす。まず，本書の分析によると，日本企業は合弁パ
ートナーとの関係を継続する，そして，合弁を解消する際にも合弁を完全子
会社化して自社と合弁との関係を継続する，という特徴が明らかになった。
この発見事実からは，自社単独の組織だけでなく，外部組織との連携につい
ても，自社の組織能力の一部として日本企業が重視してきたことが推察され
る。日本企業の組織能力を分析した G. Hamel らのコア・コアコンピタンス
論では，自社単独の範囲での組織能力が強調されていた。このコア・コンピ
タンス論で重視された組織能力の範囲では，日本企業の組織能力をとらえる
うえでは不十分であることを，本書の分析結果は暗示している。むしろ，部
品取引関係の研究をはじめとする既存研究が明らかにしたように，日本企業
は自社だけでなく，外部組織との連携も自社の組織能力の一部として活用し
てきたと考えられる。

　たしかに THH 論者も指摘するように，第二次大戦後の日本企業の成長
過程では，欧米企業との提携や合弁において，日本企業がパートナーから技
術やノウハウを学んできた面もあるだろう。しかしながら，本書の分析結果
によると，欧米パートナーから学習した後に，日本企業は欧米パートナーと
の連携を解消する，という説明は成り立ちにくい。むしろ日本企業は，外部
連携を継続する中で，これを自社の価値創造活動の一部に組み込むことによ
り，能力構築をはかってきたと考えられる。

　もっとも，このような外部組織の積極的な活用が，当初から戦略的におこ
なわれてきたかどうかについては，今後の研究で慎重に検証しなければなら
ない。西口（2000）も指摘するように，終戦直後に社内資源が十分ではない
状況のもとで，当初はやむをえず他社との連携を実施した日本企業は少なく
ないかもしれない。さらに，欧米企業との協働の機会は，当初技術が立ち遅

れていた日本企業にとって，欧米企業にキャッチアップする機会となったか
もしれない。

　しかしながら，合弁や提携等の外部連携をいったん実施することになれば，
それを自社の能力の一部として育て，活用するという姿勢を，多くの日本企
業はもっていたとも考えられる。そして，このようなところにこそ，日本企
業の組織能力の強みがあったのかもしれない。近年は系列やグループ経営の
限界が指摘されることが多いが，企業間の連携やネットワークが企業の競争
優位性にもたらす意味について，能力構築の観点からあらためて問いなおす
必要があるだろう。

　さらに，THH論者の述べたような学習競争的な合弁行動を日本企業はと
っていない，という本書の実証結果については，今後より多角的に検証する
ことも必要だろう。合弁あるいは合弁パートナーとの協働関係を，自社の組
織能力として積極的に活用しようとした結果，合弁パートナーや合弁との関
係を継続してきたというのが，われわれの理解である。しかしながら，この
ような日本企業による合弁パートナーや合弁との関係の継続は，合弁を組織
能力の一部として活用するという，方針にもとづいた結果か否かについては，
現段階では分からない。もしかすると，明確な全社戦略が存在しない，ある
いは企業のトップが意思決定できないために，本来は解消すべき合弁であっ
ても継続してしまったケースも中にはあるのかもしれない。

　この点では，日本企業が内外で事業の整理や再編を迫られた1990年代終わ
りから2000年代初頭における，日本企業の合弁行動の分析結果（第4章・第
5章）が興味深い。この時期の日欧両市場における日本企業のTHH率は，
他の期よりも比較的高い伸びをみせている。近年の日本企業がさらなる事業
構造の再編・再構築に迫られているとすれば，日本企業がパートナーや合弁
との関係を継続する傾向は，弱まっている可能性がある。

　加えて，そもそも日本企業が合弁をどのように位置づけ，運営してきたの
かについても分析する必要がある。たとえば，日本企業は，海外パートナー
との国際合弁を他の完全子会社と同様に，自社能力の一部として組織を編成

し，人材育成をおこない，活用してきたというのがわれわれの理解である。V. Pucik も指摘したとおり，完全子会社と同様に自社資源の投入や人材交流を合弁で実施する日本企業は少なくない。われわれの調査でもそのようなケースがいくつかみられた。

　しかしながら，親会社からみれば，自社が完全に運営をコントロールできる完全子会社と，他社との合意にもとづいて運営しなければならない合弁では，おのずと位置づけや運営のあり方についても違いは出てくるであろう。むしろ，他社，しかも海外パートナーと共同運営する国際合弁では，自社の技術やノウハウの投入に慎重なケースや，パートナーに配慮しながら親会社から人材を出向させるケースもある。注意深く観察すれば，合弁と完全子会社にかんするこのような経営施策の微妙な違いが，存在するのかもしれない。今後の研究では，こういった側面に着目した分析をおこなうことで，日本企業の外部連携のマネジメントの特徴が明らかになるかもしれない。

4　合弁行動のさらなる分析

　本書で明らかになった日本企業の合弁行動にかんする分析結果の外部妥当性を検討することも，今後の研究課題である。とくに，本書の分析でえられた検証結果や発見事実は，少なくとも以下にあげる条件下での検証作業が必要である。

　第1に，本書の分析とは異なる測定期間や測定方法での検証作業である。まず，本書で採用した1987—96年とは別の分析期間においても，日本企業がパートナーや合弁との関係継続を重視する傾向がみられるであろうか。

　また，本書では1987年を分析開始時期としたが，これは厳密には合弁の開始時期ではなかった。この分析期間を設定した理由としては，分析データの経時的な安定性の確保や，THH 研究を批判的に検証する立場から比較的THH 的な見方が成り立ちやすい測定方法を採用したことがある。さらに，1987年に開始した合弁に限定すると，データ数が限られるという問題もあっ

た。しかしながら，分析の精度を高めるには，本書の分析期間のあり方について検討の余地が残されている。とくに，企業の合弁行動を示す指標であるTHH率や合弁解消率の精度を高めるには，本来は合弁の開始時期から分析するのが望ましい。

　分析期間を検討するうえでは，とりわけ近年の国際合弁をとりまく環境変化についても留意する必要がある。たとえば，近年の動向でいえば，2007年5月のわが国での三角合併解禁によって，外資による友好的買収が実施しやすくなったことや，2008年の金融危機以降の景気悪化などがある。これらの日本市場における環境変化は，合弁における企業の合弁行動に，何らかの影響を与えている可能性がある。また，製品市場の成熟化や株主重視の傾向の中で，企業が不採算事業の廃止や事業の再編成を強いられた結果，多くの国際合弁が解消されている可能性もある。こういった新たな環境要因も考慮しながら，合弁行動の分析を今後進めなければならない。

　あるいは，本書の分析期間よりも古い時期における，日本企業の合弁行動についても分析する必要があるだろう。本書で分析した1980年代から1990年代にかけては，THH的な合弁解消行動は日本企業の特徴といえるものではなかった。しかしながら，第二次大戦後，日本企業が欧米企業にキャッチアップする過程では，本書の分析結果とは異なる日本企業の合弁行動が観察される可能性はある。もしかすると，日本企業は経時的に技術や知識のレベルを高める中で，その合弁行動が変わってきているかもしれない。

　第2に，特定戦略の文脈のもとで，合弁以外の出資形態と比較することをつうじて，企業の合弁行動や合弁の持続性を分析することである。とくに，第2章でもみたように，海外直接投資における合弁と完全子会社の寿命については，比較研究が近年蓄積されつつある。ただし，これらの研究も，合弁における出資の持続性にかんする分析が主流であり，出資形態の変更も含めた合弁事業の持続性についてはほとんど論じられていない。これは，後述するように，経済開発という政策的観点から合弁の持続性を分析することでもある。このような合弁事業の継続性や合弁の地域経済への貢献といった側面

も含む分析が，将来的な合弁研究におけるひとつの方向性となるだろう。また，多角化戦略や新規事業開発といった観点で，合弁会社と完全子会社の継続性を比較することも，有力な分析アプローチとなるだろう。

5 産業別の合弁行動

第3に，産業や国籍（またはパートナー国籍）の違いが，企業の合弁行動に与える影響についてもさらなる分析が必要である。

とくに本書では，産業間で企業の合弁行動に違いがあることが明らかになった。分析結果によると，本書で分析したすべての日本企業と欧州企業の合弁行動における THH 率は，常に組立産業の値が装置産業の値を上回っていた。つまり，日本企業と欧州企業ともに，組立産業では装置産業よりも日欧合弁を解消する傾向がみられたのである。補章における日本市場・日米合弁においても，この組立産業における合弁の解消率が装置産業における値を上回る傾向は，日本企業と米国企業の双方で観察されている。つまり，このことは比較的一般性の高い傾向であると現段階では考えられる。

このような産業間でみられる企業の合弁行動の違いは，少なくとも以下の要因によってもたらされたと考えられる。

第1の要因は，各産業における生産活動の特徴の違いである。一般に装置産業における生産設備は，組立産業の生産設備と比較して，転用範囲が限定される。別の言い方をすると，装置産業における生産設備は，組立産業における生産設備と比べて，特定の財の生産に特化したものが多い。また，一般に装置産業では，組立産業と比べて資本集約的な生産活動が多く，設備投資に占める固定費が相対的に高いと考えられる。この装置産業における生産設備の汎用性の低さと固定費の高さは，合弁事業を他社に売却することを困難にする。さらに，膨大な設備投資と将来的な事業売却の困難さが当初から予想される装置産業では，合弁事業への投資は，きわめて慎重な意思決定にもとづいておこなわれると考えられる。よって，当初に慎重な検討を重ねたう

えで実施される装置産業の合弁では，組立産業と比較して親会社が出資を継続する傾向があると考えられる。

　第2の要因は，産業間の競争環境の違いである。一般に装置産業の合弁は，その合弁の立地している国や地域の顧客（外部企業あるいは親会社）に中間財を供給することが多い。一方，組立産業における合弁では，その合弁の立地する国や地域をこえて，顧客に製品や原材料を供給するケースも多い。したがって，組立産業では装置産業と比較して，特定地域に立地すること自体は，競争優位性につながりにくいケースが増えると考えられる。このため，組立産業では装置産業と比べて，グローバル市場での競争変化によって合弁事業の優位性が低下する可能性も高く，結果として解消される合弁が多くなると考えられる。

　第3の要因として，各産業に含まれるデータ構成の問題である。とくに，各産業における欧州企業（または欧州パートナー）の国籍別データの違いが，産業別のTHH率に影響している可能性がある。たとえば，本書の分析結果によると，日独合弁では日本企業とドイツ企業はともに合弁出資を継続する傾向がある。この日独合弁は，日本市場における日欧合弁の装置産業に非常に多く含まれている。このことが，日本市場の日欧合弁における日本企業と欧州企業の合弁行動にかんして，組立産業のTHH率が装置産業の値を常に上回る結果をもたらした可能性はある。ただし，本書の分析でも明らかにしたように，この産業別のデータ構成上の違いだけが，産業間のTHH率の違いをもたらしたというわけではない。したがって，産業間のTHH率あるいは合弁解消率の差は，上述したような，各産業における特性や競争環境の違いにも起因していると考えられる。

6　より多様な市場・パートナー国籍の合弁の分析

　ここで，本書で明らかになった産業別あるいはパートナー国籍別の企業の合弁行動の違いは，THH研究の議論ともかかわっていることを指摘してお

く。第2章でもみたように，THH論者たちがとりあげた事例の大半は，組立産業に属するものである。装置産業と比べて企業が解消する傾向がある，組立産業における提携や合弁の事例をもとに，日本企業がTHH的な行動をとると，彼らは指摘したのである。

　とくにHamel（1991）は，日英市場における2つの日英合弁事例にかんして日本企業の合弁行動を詳細に分析し，学習競争的な見方にもとづく合弁行動モデルを提示した。本書の分析結果によると，組立産業に属する日英合弁というのは，日本企業がもっとも頻繁にTHH的な合弁解消行動をとる合弁のひとつである。もっとも，彼がこれらの事例をTHH的な合弁行動モデルの精緻化のために選んだことは，変数間の差を十分に観察したうえで理論開発をおこなうという点では理にかなっている。しかし，このような方法で開発された合弁行動モデルは，必ずしも一般化に適するわけではないことは，彼自身も論文の中で述べているとおりである。ところが，彼はそのように述べているにもかかわらず，Praharad and Hamel（1990）やHamel et al.（1989）では，他のTHH論者と同様に，日本企業が一般にTHH的な合弁行動をとることを指摘している。

　このようなTHH研究における方法上の問題からも，学習競争的な見方が日本企業の合弁行動として一般化できる，という主張には再検討の余地があるといえる。また，コア・コンピタンス論の一部にTHH研究の主張が含まれるとするならば，少なくとも組織能力の範囲にかんするコア・コンピタンスの議論も再検討が必要だといえよう。

　そのためにも，本書の日欧市場・日欧合弁の分析から得られた分析結果を，別の市場やパートナー国籍の国際合弁でも検証しなければならない。これは，本書の分析結果の外部妥当性を検証するという，第4の課題ともいえるものであり，きわめて重要な点である。とくに，本書では十分に分析できていない日米合弁を今後実施することで，日本企業と欧米企業の国際合弁にかんするTHH研究の議論をより包括的に検証できるであろう。

　したがって，われわれの直近の課題は，日米市場における日本企業と米国

企業の合弁行動について，本書の研究をベースに検証することである。なお，日本市場における日米合弁の分析結果の一部については，本書の補章にも記載している。補章の分析結果を先取りすれば，基本的に本書の日欧合弁で得られた操作仮説の検証結果と発見事実が，おおむね支持される内容となっている。したがって，現段階の日米合弁の分析結果をみる限り，本書の日欧合弁における合弁行動の分析結果についての外部妥当性は，確保されているといえる。

　また，今後の方向性としては，日欧合弁や日米合弁とは異なる，国際合弁にかんする分析への展開も試みる予定である。実は，THH 論者たちもほとんど分析した形跡はみられないものの，「THH 的な合弁行動はアジア企業の特徴である」という言及も，THH 研究の議論の一部でみられる。たとえば，Hamel（1991）でとりあげた事例のほとんどは，日本企業と欧米企業の間の提携や合弁である。そのうえで彼は，THH 的な合弁行動はアジア企業の特徴である，と述べているのである。もちろん，日本企業の事例だけをとりあげて，そこから得られた知見がアジア企業の行動として即座に一般化できるとは限らない。しかしながら，アジア地域の各国に立地する企業の合弁行動について，THH 的な視点から説明できる可能性はある。実際に，われわれのこれまでの研究発表でも，THH 的な合弁行動は中国企業や韓国企業にあてはまるのではないか，というコメントが複数得られた。われわれの調査でもそのような可能性を示唆するいくつかのデータが得られている。よって，今後の研究では，日本企業とアジア諸国の企業との合弁における企業行動についても，学習競争的な見方によってどの程度説明できるのかを検討する必要があるだろう。そして，もし，いくつかのアジア企業の合弁行動がTHH 研究の学習競争的な見方で説明できるならば，パートナーの国籍や産業，競争環境の違いによって，企業の合弁行動が異なることを示すことができるかもしれない。

7　合弁出資の増加・減少についての分析

　ところで，本書のデータ分析の過程で用いたいくつかの前提についても，今後の研究テーマとなるものが残されている。以下では，まず合弁パートナー間の出資関係の変化にかんする問題について述べておきたい。

　本書では，合弁の完全子会社化や合弁からの撤退という合弁の解消には至らない，合弁出資の増加や減少を，合弁および合弁パートナーによる環境適応行動としてとらえてきた。これは，合弁組織を存続させるために，合弁における各パートナーの出資が変更される，と理解する立場である。

　しかしながら，各パートナーによる合弁出資の増加や減少は，それ自体が合弁解消を伴わない場合でも，より長期的にはそのことが合弁解消に至るプロセスの一部となる可能性もある。一方のパートナーが出資比率を増やすことで，そのパートナーが合弁の運営を主導する状況を作り，一定の期間を経てからそのパートナーが合弁を完全子会社化する状況は十分に想定できる。あるいは，一方のパートナーが出資比率を減らして合弁における自社の役割を次第に低下させてから，合弁から撤退するケースも現実にはあるかもしれない。

　このような合弁パートナーによる出資の増減の意味を明らかにするには，出資変化の文脈とその結果（とくに合弁運営の変化）との関係に着目し，詳細な事例分析をおこなうことがひとつの方法であろう。また，解消された合弁に着目して，その合弁解消に先立つ各パートナーの合弁出資における変化の有無と，その程度や頻度を分析する方法も考えられる。

　さらに，今後は，THH 研究における学習競争的な見方について，より包括的な視点から検証する必要もある。本書における THH 研究における学習競争的な見方の検証作業は，合弁パートナーシップ行動という側面だけに限定されている。しかし THH 研究では，パートナーシップ行動だけではなく，これと密接にかかわる学習行動も含んだ，統合的な企業の合弁行動モ

デルが提示されている。したがって，THH 論者たちの主張した内容を検証するうえでは，学習行動とパートナーシップ行動を統合的にとらえた視点で分析することも必要である。また，このような分析によって，理論的にもより広範な視点から企業の合弁行動を分析することが可能となるであろう。

8　合弁短命説の再検討

さらに，別の理論的課題として，合弁短命説の検証をあげることができる。第 2 章でみたように，相互に独立し，戦略や組織がことなる可能性が高いパートナーの間で，共同で設立・運営する合弁では，企業内の協働よりも管理が困難で持続性が低いことが，多くの研究で指摘されてきた。

しかし，本書の分析によると，少なくとも 9 年間は大半の日本企業が日欧合弁への出資を継続していた。この結果をみると，合弁という組織の形態は短命だとはいいきれない面もある。もちろん比較的短期間で解消される合弁会社もあるが，一方で長年にわたり存続している合弁会社も少なくない。このように考えると，一般的な合弁短命説をあらためて検証する必要もあるのかもしれない。

合弁短命説の検証の方法は，さまざまなものが考えられる。

とくに，合弁解消が起こるまでの時間を分析する手法として，イベント・ヒストリー分析が近年よく用いられている。たとえば，Hennart et al. (1999) は，日本企業の海外子会社の寿命について，合弁と完全子会社との間で違いがみられるかどうかを分析した。彼らは，海外子会社の寿命に影響を与えると思われる出資形態以外の要因（たとえば合弁設立の経緯の違いや子会社の属する産業の市場成長率）の影響を分析するために，Cox 回帰とよばれる方法を用いている。イベント・ヒストリー分析にはこれ以外にもいくつかの統計手法が含まれており，研究の目的によって採用する手法を組み合わせることができる（清水，2003）。したがって，今後合弁の継続性を検証するうえでひとつの有力な分析アプローチであると考えられる。

　合弁の継続性という意味では，合弁事業の継続性についても，今後分析する必要性があることを本書の分析結果は示している。本書の分析結果によると，合弁解消の大半のケースでは，一方のパートナーが他方の保有する合弁株式を買収することによる，合弁の完全子会社化がおこなわれていた。多くの合弁解消では，企業間の共同出資の形態は解消されても，一方のパートナーあるいは他社による完全子会社化によって，合弁によって実施されていた事業活動が継続されていたと考えられる。合弁が解消される場合は，一般に合弁における事業活動が終了すると考えられる合弁の清算・破綻のケースは，きわめて少ない。

　このように考えると，本書で分析した日欧合弁では，合弁パートナー間の関係が継続・変化する中でも，ほとんどの合弁における事業活動が継続されていると考えられる。この合弁事業の継続性の問題については，既存研究ではほとんど論じられていない。とくに合弁事業の継続性の問題は，後述する政策的な問題と深くかかわっている。

9　合弁事業の持続メカニズム

　これまでは，合弁あるいは合弁における事業活動が存続する要因については十分に論じられていない。しかしながら，本書の分析結果によると，少なくとも合弁における事業活動については，その大半が継続する傾向がみられる。

　このような合弁事業の持続性をもたらす要因にはどのようなものがあるのだろうか。

　まず考えられるのは，すでに述べた合弁パートナー間の出資関係の変化や，それに伴う合弁の運営体制の変更である。合弁をとりまく経営環境の変化にあわせて，各パートナーは合弁出資や合弁運営の体制を変えていく。また，各パートナーの合弁への出資は，各パートナーの置かれた状況の変化によって変わることがあるが，これも合弁をとりまく環境変化といえる。したがっ

て，合弁出資の増減は，これらの合弁の環境変化にあわせた，合弁の統治・運営機構の適応プロセスとしてとらえることができる。合弁はこの各パートナーの出資の増減という，組織における統治や運営上の柔軟性をもつことで，組織的な環境適応が可能となり，事業の存続につながると思われる。

　また，パートナーが合弁を共同運営するという側面からも，合弁事業の継続性を説明できるかもしれない。独立パートナーが共同運営する側面は，パートナー間の利害対立や，各パートナーの戦略や組織の違いから，パートナー間のコンフリクトが発生して合弁の短命性につながることが，既存研究では強調されてきた。

　しかしながら，独立パートナーが合弁を共同運営することは，そのようなネガティブな面だけではなく，以下のような合弁組織の能力形成を支える面も考えられる。

　第1に，合弁の運営にコミットする各パートナーが，それぞれ保有しているすぐれた資源を合弁に提供することである。これは多数のパートナーが参加する合弁では難しいかもしれない。しかし，本書で分析した製造分野の二社合弁では，パートナーはいつでも合弁から撤退できる，あるいは投資目的だけで合弁に出資するケースは，きわめて少ないと考えられる。むしろ少数パートナー間の合弁では，各パートナーはともに合弁の運営責任を共有しながら協働し，合弁事業を通じて成果をあげることが前提となることが多いだろう。したがって，合弁運営に深くコミットした少数パートナーの間では，それぞれのすぐれた知識や技術が合弁事業に結集されると考えられる。その結果，合弁会社の組織能力が高まり，合弁事業が存続する可能性が高まるのである。

　ただし，このような側面は，本書で分析した日欧合弁や補章で分析する日米合弁のような，パートナー間の技術格差が比較的少ない合弁に限定していえることかもしれない。先進国企業間の合弁では，各パートナーの資源が合弁において組み合わされることが，直接合弁組織における能力構築に貢献する。だからこそ，各パートナーが保有する優れた経営資源を合弁において結

集する意味がある。しかしながら，たとえば，先進国の企業が，発展途上国において現地企業と合弁をおこなうような場合は，このような状況は成り立ちにくいかもしれない。とくに，外資系企業の現地法人の設立が，現地企業との合弁によってしか認められていないために，仕方なく合弁の形態で進出するケースがそうである。このような場合は，合弁組織における能力形成では，現地パートナーからの資源提供はあまり重要な意味をもたないかもしれない。このようなタイプの国際合弁における事業の存続についても，今後研究していく必要があるだろう。

　第2に，いったん実施した合弁については，企業はこれを解消することや，事業を廃止することを極力回避してきたことが考えられる。とくに，これは日本企業についていえることかもしれない。Pucik（1988a, 1988b）が指摘したように，日本企業は合弁においても自社の完全子会社と同様に，親会社との人的交流や人材育成をおこなうことが少なくない。これは，多くの日本企業が合弁を自社の価値創造活動の一部とみなしてきたためだと考えられる。

　一方で，合弁というものは，自社とパートナーがどのように協働できるのか，所期の利益がどの程度あげられるのか，実際に開始してみないとわからない面も多い。パートナーとの調整や合意が常に必要な状況は，いくら詳細なフィージビリティ・スタディをおこなっても，事前にすべて予測できない。合弁においてパートナーと協働する段階になって，社内の事業では起きないような問題が次々に発生した，というのはよくある話である。

　しかし，合弁を解消することのリスクの大きさを考えれば，一度はじめた合弁をうまくいかないからといって，即座に解消する日本企業はあまり多くないだろう。新たな合弁パートナーをみつけても，そのパートナーとの協働の不確実性はやはり残る。むしろ，合弁がうまくいかない状況でも，今のパートナーとの連携をはかりながら，何とか合弁事業を軌道に乗せようとするのが，大半の日本企業のアプローチだったのかもしれない。だからこそ，合弁を自社能力の一部として活用するために，大半の日本企業が合弁出資の継続や合弁の完全子会社化をおこなってきたとも理解できる[1]。

　第3に，合弁ではきわめて高度なマネジメントが求められることである。独立したパートナーが共同運営する合弁では，パートナー間の利害が対立したり，各パートナーが自社の戦略や資源を合弁事業に適用しようとする。このことは，合弁組織のマネジメントを困難にしたり，合弁におけるパートナー間のコンフリクトも引き起こす。しかし，これらの合弁マネジメントを困難にする諸側面は，合弁組織において高度なマネジメント能力を蓄積する機会ももたらす。あるいは，そのような高度なマネジメント能力を構築できなければ，合弁の存続は難しいともいえる。

10　政策的含意：内外直接投資における国際合弁

　最後に，本書の分析結果から得られる示唆について，対内・対外直接投資を通じた経済開発という政策的な観点から考察する。とくに，わが国における外資系企業の対内直接投資の側面を中心に，国際合弁の位置づけについて議論する。

　まず，第1章でもみたように，1980年代以降の対内直接投資に占める割合でみると，外資による100％出資の完全子会社は増加している。これにたいして，大半が合弁会社であると推測される，外資の部分出資による子会社の割合は減少していた。

　ただし，これは対内直接投資における外資系合弁の重要性が低下したからである，と単純に判断するのはやや早計である。そのような面も否定はできないが，本書の分析結果からは，それだけが理由ではないと考えることもできる。なぜなら，合弁会社は設立されてから一定の期間を経ると，完全子会社など別の出資形態に変わるケースが少なくないからである。本書で分析した9年間という期間においても，一方のパートナーが他方から合弁株式を買収して完全子会社化した日欧合弁は，日本市場では18（全体の24％），欧州市場では11（全体の35％）にのぼる。これは当初のパートナー間での合弁株式売買による完全子会社化に限った数値である。それ以外の他社による合弁の

完全子会社化を含む場合や，9年よりも長い期間で分析した場合は，この割合はさらに高くなるだろう。

　また，合弁の解消率の高さも，外資の部分出資による外資系子会社の割合の減少につながっているのかもしれない。完全子会社よりも合弁の方が，「出資形態が維持される」という意味においての寿命が短いというのは，それほど異論はないだろう。加えて，合弁解消の大半が外資または日本企業による完全子会社を伴うことも，外資系合弁の割合が減少するもうひとつの理由としてあげることができる。

　同様のことが，海外直接投資に占める合弁企業の割合の減少の説明においてもいえる。とくに，欧州市場における日欧合弁を解消する場合は，日本企業が欧州パートナーの保有する合弁株式を買収して完全子会社化するケースがほとんどであった。同様の傾向は，米国市場における日米合弁の解消パターンでも確認されている（Ishii and Hennart, 2008b ; Hennart et al., 1999）。すなわち，日本企業の欧米投資では，合弁は完全子会社よりもその形態が維持される期間が短く，合弁解消では日本企業が完全子会社化するケースが大半を占めるため，合弁の割合が減少していると考えられる。

　ところで，一方のパートナーによる合弁の完全子会社化においては，一般に合弁における事業活動は継続されていると理解できる。経済政策の観点からすれば，この合弁事業の存続を可能にする合弁の完全子会社化は，合弁が継続することとほぼ同様の政策的意味をもつと思われる。つまり，合弁が特定企業の完全子会社（または一部門）となることで，合弁という出資形態が変更されても事業活動は継続されるため，地域における取引や雇用はある程度維持されるといえる。

　第4章の日本市場・日欧合弁のデータでは，一方のパートナーによる合弁の完全子会社化と，日本企業の合弁出資の継続を足すと，実に全体の93%（71ケース）もの合弁事業が継続していることになる。合弁事業が明確に終了したと考えられる清算・破綻は7%（5ケース）ときわめて少ない。

　第5章の欧州市場・日欧合弁のデータでは，一方のパートナーによる合弁

の完全子会社化と，日本企業による合弁出資の継続をあわせて，84%（32ケース）もの合弁事業が継続していたと思われる。しかも，この割合には，合弁事業が継続した可能性が高い，一方のパートナーが他方を直接買収した3ケースを含んでいない。明確に合弁事業が終了したと考えられる合弁の清算・破綻は，3ケース（8%）にすぎない。

　以上のことから，パートナー関係の不安定性が指摘されてきた国際合弁ではあるが，その事業活動は比較的長期にわたり継続している可能性が高い。合弁の形態をとる国内の外資系子会社や日系の海外子会社は，合弁や親会社をとりまく環境変化にあわせてパートナー間の出資関係が変わることもある。また時には，合弁が解消されることもある。そのような場合でも，一方のパートナーが他方の株式持分を買収して，合弁を完全子会社化することによって，事業活動が継続することが多い。これは，常に複数パートナーが合弁にコミットすることで，特定のパートナーが合弁から撤退する場合でも，撤退するパートナーの出資を代替する有力な買い手として，残りのパートナーが潜在的に存在するからなのかもしれない。

　少なくとも本書の分析結果は，国際合弁が，日本経済の発展を支える外資による対内投資と，日本企業の海外投資における，ひとつの有力な形態となりうることを示唆している。とくに，わが国では国内経済の活性化の担い手として，外資系企業の動向が近年注目されている。しかし，外資系の完全子会社と比べると，外資系の合弁会社はあまり注目されていない印象をうける。その背景には，従来から指摘されてきた合弁の短命さや運営の難しさ，または対内直接投資に占める合弁会社の割合の低下などがあるのかもしれない。しかし，日本市場の日欧合弁では，半数以上のケースで日本企業が合弁出資を継続していた。そして，合弁を解消する場合は，その大半において一方の親会社が合弁を完全子会社化していた。つまり，合弁や別の形態でほとんどの合弁事業は続いていたと推測される。

　このように考えると，現在は国内企業や海外企業の完全子会社や一部門としてわが国の経済発展に貢献している組織も，時代をさかのぼれば国際合弁

であったケースは少なくないかもしれない。

　また，外資企業にとっては，合弁によってパートナーとの投資負担の共有に加えて，現地市場の知識や取引の面での現地パートナーからの支援は，やはり大きな魅力である。投資に伴うコストやリスクの大きさ，あるいは投資先の市場にかんする知識やネットワークが不十分なために，外資が投資を躊躇するケースも少なくないであろう。そのような場合は，とくに国際合弁が外資企業にとっての有力な投資形態のオプションとなる。したがって，政策を担当する側にとっては，国内パートナーとの合弁による直接投資を提案・支援することは，外資誘致における有効なアプローチとなりうる。このようなアプローチを採用することで，単独では進出が難しい外資の誘致も実現される可能性がでてくる。実際に，現地企業との合弁を海外企業に提案し，その締結に向けた調整役まで果たした海外政府の事例（石井，2003）も紹介されている。とくに，外資にとって不慣れな海外市場において，現地企業に対する探索やアプローチ，あるいは現地企業との交渉においても，現地の政策担当機関は情報提供や企業間の調整などの役割を果たすことができる。このような政策担当側の支援は，単独進出が困難な外資の誘致を促進する契機となるであろう。

　同様のことが，日本企業の海外進出においてもいえる。つまり，日本企業の海外直接投資においても，完全子会社だけでなく，現地パートナー等との国際合弁も有力なひとつの形態となりうる。とくに国際合弁による海外進出では，現地の政府機関や日系の経済支援機関などと連携することで，有力な現地パートナーの発見や現地パートナーとの契約締結につながる可能性もある。実際に，近年はいくつかの政策担当機関も，このような支援活動をおこなうケースがあるようである。国際合弁による海外進出をつうじた，さらなる成長が日本企業にも期待されている。したがって，日本企業の海外市場における海外企業との国際合弁に至る情報収集や企業間調整においても，政策担当機関の果たす役割は大きいと考えられる。今後は，このような国際合弁の実施における政策担当機関の役割や，地域経済の開発や国内企業の海外展

開における国際合弁の評価についても議論が必要だと思われる。

（1）　宍戸・草野（1988）によると，2010年に解消予定のトヨタとGMの合弁
　　NUMMIでは，両社が合弁契約を結ぶ際に，合弁解消の条件を設定するようGM
　　側が当初主張した。これにたいし，トヨタはこの提案を受け入れなかった。両社は
　　当初，解消することを想定しない形で，この合弁をスタートしたのである。確かに，
　　結婚の際に離婚の条件を決めるというのは，日本人にとって一般になじみにくい。
　　しかしながら，欧米ではそういったケースは珍しくない。
　　　このケースのように合弁を解消した場合の条件が設定されていないケースでは，
　　もし一方のパートナーが合弁を解消しようとする場合は，それに伴う不確実性が高
　　い。つまり，もし自社がパートナーに合弁の解消を申し出た場合，合弁解消がパー
　　トナーにもたらす膨大な不利益を，自社に負担するよう求められることも想定しな
　　ければならない。このように合弁の解消を申し出れば膨大な負担を要求されかねな
　　い状況であれば，合弁においてパートナーと少しでもうまく協力して，合弁の成果
　　があがるよう双方で努力しようとするのかもしれない。
　　　Sako and Helper（1999）の部品取引関係の研究によると，企業間連携で問題が
　　ある場合に，日本企業と米国企業の問題解決のアプローチがことなる。日本企業は
　　パートナーとの連携の中でまず問題解決にあたろうとするが，米国企業はパートナ
　　ーを変えることで解決しようとする傾向がある。このように考えると，日本企業は
　　十分な成果を得られない合弁においても，これを解消してパートナーを変更するよ
　　りも，まず合弁パートナーと協力して問題に取り組もうとする傾向があるのかもし
　　れない。
　　　ただし，合弁の解消についてのパートナー間の取り決めはまったくない方が良い，
　　というわけではない。先述した日欧合弁の例のように，買収や合併という一方のパ
　　ートナーの事情によって合弁事業の方向性や運営が大きく左右される状況は，少な
　　くとも回避できる合意をしておくことも重要かもしれない。他社からの買収や他社
　　との合併によって，一方の合弁パートナーの主体や戦略が変わることは，合弁パー
　　トナー間の交渉や契約とは異なる次元の話である。しかも，このような変化は，合
　　弁事業そのものを大きく変える可能性ももっている。一方のパートナーでそのよう
　　な変化があった場合には，そのことが合弁事業の方針や運営に与える影響を抑制で
　　きる戦略オプションを，他方のパートナーが保有することで合意しておけば，パー
　　トナー双方が安心して合弁事業にコミットできるであろう。とくに，合併や，企業
　　または事業レベルでの買収が増えている今日において，安定的な合弁運営を担保す
　　るうえでは，このようなパートナー間の合意は重要になっているといえよう。先述
　　した，欧州パートナーが合弁を含む事業部門を他社に売却した際に，合弁契約にも
　　とづいて日本パートナーが優先的に合弁を完全子会社化できたケースは，その具体
　　例である。

補章1　日本市場における日米企業の合弁行動

1　は じ め に

　本章では，THH 研究における学習競争的な見方から導出した操作仮説について，日本市場・日米合弁のデータを用いた検証結果を示す。

　本書の第4章と第5章においては，日本企業の欧州企業との国際合弁における出資行動に焦点をあてて，THH 研究から導出された操作仮説を検証した。本章の目的は，これらの分析結果の妥当性について確認することである。既存研究においては，とくに THH 研究の学習競争的な視点からは，日本市場・日米合弁のデータについてはほとんど分析がなされていない。本章の分析をおこなうことで，第4章と第5章でおこなった日欧市場・日欧合弁の分析を補完することができる。なお，第2章でも述べたように，日米合弁については Hennart et al.（1999）が実施した米国市場における合弁データを用いた THH 理論の実証研究がある。

　本章における分析枠組みと操作仮説は，第3章で提示したものとほぼ同様である。ただし本章では，日本市場・日米合弁における，日本企業のパートナーシップ行動の一般性にかんする操作仮説についての検証作業をおこなう。すなわち，本章では第3章で提示した操作仮説のうち，仮説1，仮説2，仮説3に限定して検証作業をおこなう。

　また，同じ合弁戦略の文脈（訪問戦略あるいは受け入れ戦略）のもとで，日本企業と欧米企業の合弁行動を比較する仮説4については，本章では検証しない。本章では，日本企業と米国企業の合弁行動について分析するが，これは同じ日本市場・日米合弁におけるパートナーシップ行動の分析である。日米合弁にかんする仮説4の検証作業は，現在われわれが進めている米国市

場・日米合弁のデータの構築・分析を終えた段階でおこなう予定である。なお，操作仮説の構築にかんする議論は，第3章を参照いただきたい。

　本章で検証する操作仮説は以下のとおりである。

【仮説1】　日本市場・日米合弁において，日本企業が米国パートナーの保有
　　　　　する合弁株式を買収して合弁を完全子会社化する，合弁が清算・
　　　　　破綻となる，または日本企業が米国パートナーまたはそれ以外の
　　　　　他社に合弁株式をすべて売却するケースの合計が，日本企業が合
　　　　　弁株式を保有し続けるケースの数を上回れば，THH的な見方は
　　　　　支持される。

【仮説2】　日本市場・日米合弁において，日本企業が米国パートナーの保有
　　　　　する合弁株式を買収して合弁を完全子会社化するケースの数が，
　　　　　日本企業が合弁株式を保有し続けるケースの数よりも多ければ，
　　　　　THH的な見方は支持される。

【仮説3】　日本市場・日米合弁において，日本企業が米国パートナーの保有
　　　　　する合弁株式を買収して合弁を完全子会社化する，または合弁が
　　　　　清算・破綻となるケースの合計が，日本企業が合弁株式を保有し
　　　　　続けるケースの数を上回れば，THH的な見方は支持される。

　データ収集・分析の方法については，第4章と第5章において実施した日欧合弁分析と同様である。

　以下では，まず，日本市場・日米合弁のデータの概略について述べる。続いて，上記の操作仮説についての検証作業として，日本企業と米国企業の合弁出資行動についての分析をおこなう。この分析では，経時的な企業の合弁行動の分析だけでなく，産業別の合弁行動の分析もおこなう。さらに，産業間で企業の合弁行動の違いがある，という本章（第4章と第5章も同様）の

分析結果を踏まえて，産業別のデータを用いた操作仮説の検証作業もおこなう。

2　データの概要

　日米合弁のデータリストは，東洋経済新報社発行の『外資系企業総覧』1988年版をもとに作成した。

　まず，第4章の日欧合弁と同様に，319社の米国系製造子会社を抽出し，その中から日本企業1社と米国企業1社による二社合弁，親会社の出資比率が20—80％，親会社が製造産業（農業，漁業，金融・投資会社，総合商社を除く）に属する法人組織である，という基準で151の日米合弁を選んだ。合弁データの内訳は，装置産業81（食品9，繊維・衣服2，パルプ・紙製品4，化学41，医薬品6，石油・石炭製品1，プラスチック1，ゴム・皮革3，ガラス・窯業5，鉄鋼1，非鉄金属3，金属製品5），組立産業63（機械22，電気機器33，自動車3，その他輸送機器2，精密機器3），その他製造業7，となっている。

　これらの合弁データにおける日本企業の平均出資比率（1987年時点）は50.1％（最小が25％，最大が75％）であった。産業別の日本企業の平均出資比率は，装置産業が49.4％，組立産業が50.9％であった。また，平均設立年は合弁全体では1971年（最古が1935年，最新が1986年），産業別では装置産業が1969年，組立産業が1973年であった。従業員数は平均384人（最小が10人，最大が12,000人，ただし10人以上の従業員数の存在がデータ採用基準となっている）であった（ただし，一部は1987年の従業員数が不明のため1988年の従業員数を代理変数とした）。産業別の平均従業員数は，装置産業が268人，組立産業が558人であった。

　このようにして抽出した日本市場・日米合弁のデータについて，1987年から96年における日本企業と米国企業の出資比率の変化を分析した。以下では，第5章で分析した日本市場・日欧合弁における日本企業の出資行動の変化とも比較しながらみていく。

3　分　析　結　果

3．1　合弁出資の比率カテゴリーの変化

　本節では，日本市場・日米合弁における日本企業と米国企業の出資変化にかんする分析結果を示す。

　まず，日本市場・日米合弁における日本企業の合弁出資の変化について，比率カテゴリー別にみていこう（表補-1）。

　表補-1によると，日本企業の出資比率がカテゴリー間で変化したケースは64（全体の42％）ある。これは第5章の分析で明らかになった，日本市場・日欧合弁において合弁出資が比率カテゴリー間で変化した日本企業の割合40.8％と，ほぼ同じ値である。また，日米合弁において，日本企業が出資比率を95％以上に引き上げて合弁を完全子会社化したケースは41（同21％）ある。この割合は，日本市場・日欧合弁における日本企業の割合10.5％を上回る。一方，日米合弁において日本企業の出資比率が5％未満となり，合弁から撤退したケースは14（同9％）ある。この値は日本市場・日欧合弁における日本企業の割合21％を下回る。さらに，日本企業の出資比率のカテゴリーが変化していないケースは87（同58％）と，全体の過半数を占めており，これも日本市場・日欧合弁における日本企業の割合とほぼ同じ値となっている。

表補-1　日本市場・日米合弁における日本企業の出資比率の変化 (比率カテゴリー別)

		1996年					
		0 –5.0%	5.1–49.9%	50%	50.1–94.9%	95–100%	計(1987)
1987年	20–49.9%	5	9	0	0	1	15(10%)
	50%	8	4	55	3	26	96(64%)
	50.1–80%	1	1	2	22	14	40(26%)
	計(1996)	14(9 %)	14(9 %)	57(38%)	25(17%)	41(27%)	151

　出所：石井（2007）および Ishii and Hennart（2008b）より。

　日本企業の当初の出資比率カテゴリーの内訳をみてみると，20―49.9％が
15ケース（同10％），50％が96ケース（同64％），50.1―80％が40ケース（同
26％）となっている。これを日本市場・日欧合弁の比率カテゴリー別の内訳
（20―49.9％が全体の14％，50％が全体の63％，50.1―80％が全体の22％）と比較
すると，日本企業が少数出資の割合が若干少なく，多数出資の割合が若干多
いという違いがある。この違いが，日米合弁と日欧合弁における日本企業の
出資変化の違いに影響している可能性はある。折半出資の合弁の割合はほぼ
同じである。

　次に，日本市場・日米合弁における米国企業の出資比率の変化について，
比率カテゴリー別にみていこう（表補-2）。

　表補-2によると，日本市場・日米合弁において，米国企業の出資比率が
カテゴリー間で変化したケースは85（全体の56％）あり，全体の過半数を占
めている。これは上記でみた同じ日米合弁における日本企業の値42％を上回
る。また，米国企業の出資比率が95％以上となって合弁を完全子会社したケ
ースは8（同5％）と少数であり，この割合は日本企業の値21％を下回る。
一方，米国企業の出資比率が5％未満となって合弁から退出したケースは
70（同46％）にのぼり，ほぼ半数を占めている。これは，同じ日米合弁にお
いて日本企業の出資比率が5％未満となったケースの割合9％を大きく上回
る。加えて，米国企業の出資比率がカテゴリー間で変化していないケースは
66（同44％）あり，日本企業の割合58％を下回る。

表補-2　日本市場・日米合弁における米国企業の出資比率の変化（比率カテゴリー別）

		1996年					
		0-5.0%	5.1-49.9%	50%	50.1-94.9%	95-100%	計(1987)
1987年	20-49.9%	23	14	2	1	0	40(26%)
	50%	43	3	44	1	5	96(64%)
	50.1-80%	4	0	0	8	3	15(10%)
	計(1996)	70(46%)	17(11%)	46(30%)	10(7%)	8(5%)	151

出所：石井（2007）および Ishii and Hennart（2008b）より。

　また，米国企業の当初の出資比率カテゴリーの内訳でみると，20―49.9%が40（同26%），50%が96（同64%），50.1―80%が15（同10%）となっている。これを同じ日米合弁における日本企業の内訳の割合と比べると，20―49.9%と50.1―80%のカテゴリーではそれぞれの数値が逆の大きさとなっている。

3.2　合弁出資の変化の内容

　次に，日本市場・日米合弁における日本企業と米国企業の合弁出資の変化の中身についてみていこう。

　表補-3 は，日本市場・日米合弁における日本企業と米国企業の出資変化について，変化した内容別の件数を示したものである。なお，表の見方は第 4 章と第 5 章と同様に，データ全体の合計を合計 B，合計 B から THH 行動と非 THH 行動のいずれのカテゴリーにも入らない変化の内容（焦点企業が当初パートナー以外の企業から合弁株式を買収，焦点企業が当初パートナーまたは当初パートナー以外の企業を買収，および当初パートナーまたは当初パートナー以外の企業が焦点企業を買収）を除いた数を合計 A とする。また，合計 A は，とくに言及しない場合を除いて，それぞれの変化の内容における企業数の割合を示す時に，母数として利用する。

　表補-3 によると，日本企業の出資比率が変化していないケースは83（合計 A の57%）あり，もっとも多くのケースがこの変化内容のカテゴリーに含まれている。この値は，同じ日本市場・日米合弁において出資比率が変化していない米国企業の64ケース（同52%）を割合で若干上回っており，さらに日本市場・日欧合弁における日本企業の値58%とほぼ同じである。さらに，日本企業の出資比率の変更がないケースに，出資比率が95%未満に増加した 3 ケース（同 2 %）と減少した 9 ケース（同 6 %）を加えると，合弁出資を継続したケースは96（同66%）となる。この数値は，同じ日本市場・日米合弁において出資を継続した米国企業の割合59%や，日本市場・日欧合弁において出資を継続した日本企業の割合58%を若干上回る。

　日本企業の出資比率が変化した内容のカテゴリーでみると，41ケースを含

表補-3　日本市場・日米合弁における日本企業と米国企業の出資変化

（内容別・産業別）

	N(装置産業 / 組立産業 / その他)	
	日本企業	米国企業
焦点企業が合弁を完全子会社化（出資比率95％以上を含む）	41(20/20/1)	8(4/3/1)
焦点企業が当初パートナーから合弁株式を買収	37(17/19/1)	8(4/3/1)
焦点企業が当初パートナーを買収	3(2/1/0)[1]	0(0/0/0)
焦点企業が当初パートナー以外の企業から合弁株式を買収	1(1/0/0)[2]	0(0/0/0)
焦点企業が当初パートナー以外の企業を買収	0(0/0/0)	0(0/0/0)
焦点企業の出資比率が増加（95％以上は含まない）	3(1/0/2)	5(5/0/0)
焦点企業の出資比率が減少（5％以下は含まない）	10(8/2/0)	4(1/1/2)
焦点企業が合弁から撤退（出資比率5％以下を含む）	14(7/6/1)	70(34/34/2)[3]
焦点企業が当初パートナーに合弁株式を売却	8(4/3/1)	37(17/19/1)
焦点企業が当初パートナー以外の企業に合弁株式を売却	1(0/1/0)	2(1/1/0)
当初パートナーが焦点企業を買収	0(0/0/0)	3(2/1/0)
当初パートナー以外の企業が焦点企業を買収	1(0/1/0)	25(12/12/1)[4]
合弁が清算・破綻	4(3/1/0)	4(3/1/0)
焦点企業の出資比率の変化がない	83(45/35/3)	64(37/25/2)
合計A（合計Bから焦点企業が当初パートナーまたは当初パートナー以外の企業を買収，当初パートナーまたは当初パートナー以外の企業が焦点企業を買収，を除いたもの）	146(78/61/7)	123(67/50/6)
合計B（全体の合計）	151(81/63/7)	151(81/63/7)

注(1)：日本企業が欧州企業と折半出資で当初の米国パートナーを1990年に買収した1ケース（非鉄金属）を含む。

　(2)：当初の米国パートナーが1989年に欧州企業に吸収合併され，日本企業が1994年に当該欧州企業から合弁株式を買収した1ケース（化学）を含む。

　(3)：米国企業を当初の日本パートナーと欧州企業が折半出資で買収した1ケース（非鉄金属）を含む（これは〈注1〉と同一のケースである）。

　　　このケースは「当初パートナーが焦点企業を買収」と「当初パートナー以外の企業が米国企業を買収」では，それぞれ1ケースとして数えた．

　(4)：米国企業の事業部門（対象となる日米合弁を含む）を当初パートナー以外の企業が買収した1ケース（機械）を含む。これはこの買収の決定が合弁におけるパートナーシップ行動の文脈をこえてなされたと推測されるためである。

む合弁の完全子会社化がもっとも高い値を示している。このうち，日本企業が当初の米国パートナーが保有する合弁株式を買収したケースは37（同25%）と大半を占めている。これにたいして，同じ日本市場・日米合弁において，米国企業が当初の日本パートナーから合弁株式を買収して合弁を完全子会社化した割合は13%と低い値となっている。また，日本市場・日欧合弁において，日本企業が当初の欧州パートナーから合弁株式を買収して完全子会社化したケースは10（同13%）あり，日米合弁における日本企業の割合の約半数である。

　日本企業が日本市場・日米合弁から退出したケースは14と比較的少ない。これには，日本企業が当初の米国パートナーに合弁株式を売却した8ケース（同5%），それ以外の企業に売却した1ケース（同1%），合弁が清算・破綻した4ケース（同3%）が含まれる。一方，同じ日本市場・日米合弁において，米国企業が当初の日本パートナーに合弁株式を売却して合弁から撤退したケースの割合は，30%と高い値を示している。また，日本市場・日米合弁において米国企業が当初の日本パートナー以外の企業から買収された割合17%（合計Bが母数）も高い。さらに，日本市場・日欧合弁では，日本企業が当初の欧州パートナーに合弁株式を売却して合弁から撤退したケースは8（同11%），それ以外の企業に合弁株式を売却して撤退したケースは2（同3%），合弁が清算・破綻となったケースは5（同7%）と，それぞれの数値が日本市場・日米合弁における日本企業の割合を若干上回るものの，両者の間に大きな差はない。

3.3　仮説の検証（全産業）

　次に，THH研究の学習競争的な見方から導出した操作仮説を，日本市場・日米合弁における日本企業の出資行動のデータを用いて検証した結果についてみていこう（表補-4）。

　まず，仮説1では，当初パートナーの保有する合弁株式を買収することによる合弁の完全子会社化，当初パートナーまたは他社への合弁株式の売却に

表補-4　仮説検証の結果 (全産業)

	仮説内容	結果
仮説1	合弁株式買収 (当初パートナー) ＋合弁株式売却 (当初パートナー＋他社) ＋合弁清算/破綻＞出資継続 (比率継続＋比率増加＋比率減少)	THH (37＋9＋4)＜非THH (96)
仮説2	合弁株式買収 (当初パートナー)＞出資継続 (比率継続＋比率増加＋比率減少)	THH (37)＜非THH (96)
仮説3	合弁株式買収 (当初パートナー) ＋合弁清算/破綻＞出資継続 (比率継続＋比率増加＋比率減少)	THH (37＋4)＜非THH (96)

よる合弁からの撤退，合弁の清算・破綻を，すべて THH 的な合弁解消行動として考える。また，合弁出資比率の継続，合弁出資比率の増加 (合弁の完全子会社化を除く)，そして合弁出資比率の減少 (合弁からの撤退を除く) を含む，合弁出資の継続行動については，非 THH 的な合弁行動として考える。そのうえで，THH 的な合弁解消行動をとった日本企業の合計数が，非 THH 的な合弁行動である合弁出資の継続行動をとった日本企業の合計数を上回れば，日本企業が一般的に THH 的なパートナーシップ行動をとる，と考える。データによると，日本市場・日米合弁において，THH 的な合弁行動をとった日本企業の数は50あり，これは非 THH 的な合弁行動をとった日本企業の数96を大きく下回る。したがって，仮説1は支持されなかった。

　仮説2では，THH 的な合弁解消行動の内容が，当初パートナーの保有する合弁株式の買収による合弁の完全子会社化のみに限定されている。データによれば THH 的な合弁行動をとった日本企業の数は37と，非 THH 的な合弁行動をとった日本企業の数96を大きく下回り，仮説2も支持されなかった。

　仮説3では，当初パートナーの保有する合弁株式の買収による合弁の完全子会社化と，合弁の清算・破綻を，THH 的な合弁行動として考える。表補-4によると，THH 的な合弁行動をとった日本企業の数は41と，非 THH

的な合弁行動をとった日本企業の数96を大きく下回る。したがって，仮説 3
も支持されなかった。

　以上の分析結果によると，日本企業の過半数が THH 的な合弁パートナ
ーシップ行動ではなく，非 THH 的な合弁パートナーシップ行動をとって
いた。したがって，仮説 1，仮説 2，仮説 3 は，いずれも支持されなかった。
この分析結果から，日本企業が一般的に THH 的な合弁行動をとると主張
した THH 論者の主張は，再検討する必要があるといえるだろう。

　ただし，本章の日米合弁のデータには，装置産業と組立産業のデータがそ
れぞれ含まれている。これらの産業の間では，THH 的な行動をとる企業の
割合を指す THH 率が異なる可能性がある。第 4 章と第 5 章の分析では，
組立産業における THH 率は装置産業における値を上回ることが明らかに
なった。もしこれが日本市場・日米合弁においてもある程度あてはまるな
ら，産業間の THH 率の違いが，表補- 4 の操作仮説の検証結果に影響を与
えているかもしれない。実際に，日本市場・日米合弁のデータには，81の装
置産業の合弁データが含まれており，これはデータ全体の約54%を占めてい
る。したがって，THH 率の低い装置産業の合弁データが多数を占めるとい
うデータ構成上の要因により，過半数の日本企業が THH 的な合弁行動を
とる，と考える操作仮説が支持されなかった可能性がある。

　そこで，以下では，装置産業と組立産業のデータに分けて，操作仮説の検
証作業をおこなう。産業別に操作仮説を検証することで，各産業カテゴリー
に含まれるデータの構成上の問題が，操作仮説の検証結果に与える影響を排
除できる。産業別の仮説検証に際して，まず，日本市場・日米合弁における
日米企業の THH 率について，装置産業と組立産業の値を比較し，産業間
の THH 率の違いについて確認する。この日米合弁における産業間の THH
率の違いを踏まえたうえで，産業別の操作仮説の検証結果を示す。

3.4　日本企業の THH 率の変化（産業別）

　まず，日本市場・日米合弁における日本企業の THH 比率の変化から，

産業別にみていこう（図補-1）。

　図補-1によると，日本企業のTHH率は，装置産業と組立産業でともに1994年から2005年まで上昇している。また，組立産業のTHH率が，装置産業のTHH率を常に上回っていることも確認できる。このTHH率が合弁解消率とほぼ同様であることを考えれば，組立産業では装置産業よりも，日本企業が日米合弁を解消する傾向があるともいえる。これらの特徴は，いずれも第4章と第5章における日欧合弁の分析結果と同様のものである。

　この産業間のTHH率の違いは，各産業に含まれる合弁の設立時期の違いによってもたらされる可能性がある。もし，組立産業の方が装置産業よりも設立時期が古い合弁が多いならば，組立産業では装置産業よりも長期間の合弁行動を測定することになる。THH率は合弁解消率にほぼ近似すると考えられるので，分析期間が長期になれば，それだけTHH率は高くなる。しかし，装置産業では1969年，組立産業では1973年と，装置産業の方が組立産業よりも合弁の平均設立年が古い，という逆の結果が出ている。すべての合弁が当初から合弁の形態をとるとは限らないので一概にはいえないが，こ

図補-1　日本市場・日米合弁における日本企業のTHH率の変化（産業別）

（単位：％）

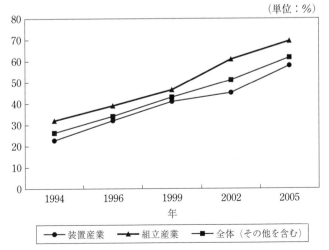

の結果からは少なくとも組立産業の方が装置産業よりも古い合弁が多いとは考えにくい。したがって，産業別のTHH率の違いは第6章で議論したように，産業間の特性の違いに起因していると考えられる。

3.5　米国企業のTHH率の変化（産業別）

次に，日本市場・日米合弁における米国企業のTHH率の変化についても，産業別にみておこう（図補-2）。

図補-2によると，日本市場・日米合弁における米国企業のTHH率を，装置産業と組立産業で比較した場合，日本企業のデータとほぼ同じ特徴が認められる。第1の特徴は，装置産業と組立産業においてともにTHH率が一貫して上昇していることである。第2の特徴は，組立産業におけるTHH率は，装置産業におけるTHH率を常に上回っているということである。そして，これらふたつの特徴は，第4章と第5章の日欧市場・日欧合弁でみられた日欧企業の合弁行動の特徴とも一致する。なお，1999年において組立産業のTHH率と，全産業のTHH率がほぼ同じ水準にある（ただし，装置

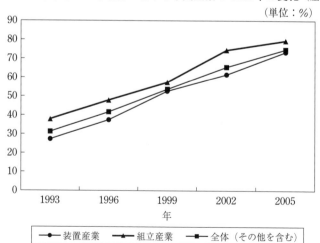

図補-2　日本市場・日米合弁における米国企業のTHH率の変化（産業別）

（単位：％）

産業のTHH率は53%，組立産業のTHH率は57%，産業全体のTHH率は54%である）。これは，装置産業でも組立産業でもない，その他の産業のTHH率（33%）によるものだと考えられる。

以上のように，日本市場・日米合弁でも，組立産業におけるTHH率は装置産業における値よりも高いという傾向が，日本企業と米国企業の双方のデータで確認することができた。

3.6 日本企業のTHH率の変化（小分類産業別）

ここで，より詳細な産業分類（小分類）にもとづいた，産業カテゴリー別のTHH率の変化について分析をおこなう。この小分類の産業カテゴリー別の合弁行動分析を実施することにより，本書で得られた産業別の合弁行動についての分析結果の妥当性を確認できる。とくに，小分類産業別のデータを用いた検証により，小分類産業別のデータの偏在によって，装置産業のTHH率が組立産業の値を上回るという発見事実がもたらされた可能性を検討できる。また，小分類産業のカテゴリー別に明らかになる合弁行動の特徴そのものも，非常に興味深い。このような分析は，全体的なデータ数が比較的多く，小分類産業カテゴリー別に，ある程度のデータ数を確保できる日本市場・日米合弁だからこそ実施できる。この点では，全体的なデータ数が必ずしも十分ではない，第4章と第5章の日欧市場・日欧合弁にかんする分析にたいしても，本章の分析が補完的な役割を果たせるであろう。なお，以下では，比較的データ数が多い，食品産業，化学産業，機械産業，電気機器産業におけるTHH率を分析する。

まず，日本市場・日米合弁における日本企業のTHH率の変化について，小分類の産業別にみていこう（図補-3）。

図補-3によると，日本企業のTHH率がもっとも高い値で推移しているのは，組立産業に含まれる電気機器産業である。電気機器産業におけるTHH率は，1996年，1999年，2005年において，4つの産業の中でもっとも高い値となっている。また，1994年と2002年のTHH率は4つの産業の中

図補-3　**日本市場・日米合弁における日本企業の THH 率の変化**
（小分類産業別）

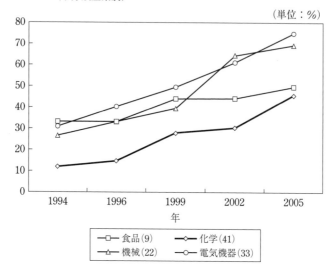

（単位：％）

食品(9)　化学(41)　機械(22)　電気機器(33)

で2番目に高い値であるが，それらはそれぞれの年でもっとも高い食品産業や機械産業の値とほとんど同じである。

　これに次いで THH 率が高い値で変化しているのは，同じ組立産業に含まれる機械産業である。機械産業における THH 率は，2002年に4産業の中でもっとも高い値となっている。また，1994年，1996年，2006年の機械産業における THH 率も，それぞれの年でもっとも THH 率が高い電気機器産業とほぼ同じ値になっている。

　これに続くのが，装置産業に属する食品産業である。食品産業における1994年の THH 率は，4産業の中でもっとも高い値となっている。また，1996年と1999年の食品産業の THH 率は，それぞれの年にもっとも THH 率が高い電気機器産業とほぼ同じ値である。ただし，2002年と2005年の食品産業における THH 率は，比較的低い水準となっている。とくに，2005年の食品産業における THH 率は，もっとも THH 率が低い化学産業とほぼ同じ値となっている。

　最後に，THH率が低い値で推移しているのが，化学産業である。すべて
の測定期間における化学産業のTHH率は，全産業の中でもっとも低い値
となっている。

　これらの分析からは，まず，装置産業におけるTHH率の低さは，化学
産業におけるTHH率の低さによってもたらされていることが推察される。
化学産業におけるTHH率の低さは全産業の中で突出している。しかも，
化学産業における合弁のデータ数は41と，装置産業全体（データ数は81）の
過半数を占めている。

　しかしながら，それだけが装置産業のTHH率の低さをもたらしている
わけではない。なぜなら，組立産業に含まれる機械産業と電気機器産業にお
けるTHH率は，装置産業に含まれる食品産業と化学産業における値と比
較して，相対的に高いという傾向も確認されるからである。食品産業の
THH率が機械産業や電気機器産業の値を上回る年も一部でみられるものの，
全体的には食品産業のTHH率は機械産業や電気機器産業の値よりも低い
水準にある。以上のことから，組立産業のTHH率は装置産業のTHH率
よりも高いという傾向は，小分類の産業カテゴリー別に分析した場合にも，
ある程度みられる傾向だといえよう。

3.7　米国企業のTHH率の変化（小分類産業別）

　次に，日本市場・日米合弁における米国企業のTHH率の変化について，
小分類の産業カテゴリー別にみていく（図補-4）。

　図補-4によると，4産業の中で米国企業のTHH率がもっとも高いのは，
組立産業に含まれる電気機器産業である。電気機器産業におけるTHH率
は1993年，1996年，1999年，2005年において全産業の中でもっとも高い値と
なっている。また，2002年の電気機器産業のTHH率も，全産業の中でも
っとも高い機械産業の値とほぼ同じレベルにある。

　次いでTHH率が高い値で変化しているのが，同じ組立産業に属する機
械産業である。機械産業におけるTHH率は，2002年に全産業の中でもっ

図補-4　日本市場・日米合弁における米国企業のTHH率の変化
（小分類産業別）

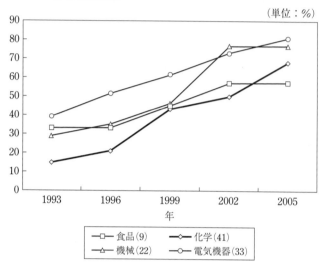

とも高い値となっている。また，1993年と2005年の機械産業のTHH率は，全産業の中でTHH率がもっとも高い電気機器産業と近い水準にある。残りの1996年と1999年における機械産業のTHH率も，全産業の中でもっともTHH率が高い電気機器産業に次いで高い値となっている。

　装置産業に含まれる食品産業のTHH率は，機械産業に続く高い値で変化している。食品産業のTHH率は，1993年に全産業の中でもっとも値が高い電気機器産業に次いで高い水準にある。しかしながら，1996年，1999年，2005年の食品産業のTHH率は，全産業の中では3番目に高い値となっている（ただし，1996年と1999年は2番目の機械産業を若干下回る値である）。そして，2005年の食品産業におけるTHH率は，全産業の中でもっとも低い値となっている。

　最後に，全体を通してTHH率がもっとも低い水準で変化しているのが，化学産業である。化学産業におけるTHH率は，1993年，1996年，1999年，2002年に全産業の中でもっとも低い値となっている。また，2005年の化学産

業における THH 率は，全産業の中でもっとも値が低い食品産業に次ぐ低さとなっている。

これらの米国企業の合弁行動にかんする分析からも，組立産業に含まれる電気機器産業と機械産業の THH 率は，装置産業に含まれる食品産業と化学産業の値をおおむね上回ることがわかった。これは先ほど分析した日本企業の THH 率の変化でみられた特徴と一致する内容である。

以上の分析結果から，組立産業における THH 率は装置産業における THH 率を上回る，という発見事実は，小分類産業別の分析でも確認された。したがって，この本書で得られた産業間の THH 率の違いについての発見事実は，ある程度妥当であると考えられる。

3.8 仮説の検証（産業別）

最後に，装置産業と組立産業それぞれの日米合弁データを用いて，操作仮説を検証した結果をみておこう（表補-5）。

表補-5によると，装置産業においては，仮説1，仮説2，仮説3はいずれも支持されなかった。また，組立産業においても同様に，仮説1，仮説2，仮説3はいずれも支持されない結果となった。これらの分析結果も，第4章および第5章で得られた分析結果とおおむね一致する内容となっている。

また，この産業別データを用いた操作仮説の検証結果は，表補-4で示した全産業の合弁データを用いた操作仮説の検証結果と一致している。よって，表補-4における全産業の合弁データを用いた，仮説1，仮説2，仮説3がいずれも支持されないという検証結果は，ほぼ妥当であると考えられる。

表補-5　仮説検証の結果（産業別）

	結果（装置産業）	結果（組立産業）
仮説1	THH（17＋4＋3）＜非THH（54）	THH（19＋4＋1）＜非THH（37）
仮説2	THH（17）＜非THH（54）	THH（19）＜非THH（37）
仮説3	THH（17＋4）＜非THH（54）	THH（19＋4）＜非THH（37）

4　結　　論

　本章では，日本市場・日米合弁のデータを用いて，THH 研究の学習競争
的な見方から導出された操作仮説の検証作業をおこなった。その結果，過半
数の日本企業が合弁解消行動をとれば THH 的な見方が支持される，と考
える仮説 1，仮説 2，仮説 3 はいずれも支持されなかった。データ分析によ
ると，大半の日本企業は日米合弁における出資を継続しており，日本企業は
安定的なパートナーシップ行動をとることが確認された。これは，本書で分
析した日欧市場・日欧合弁における日本企業のパートナーシップ行動とほぼ
一致する特徴である。また，同じ国内合弁である日本市場・日欧合弁におけ
る日本企業の動向と比べると，日本市場・日米合弁における日本企業の方が，
やや安定的なパートナーシップ行動をとる傾向がみられた。さらに，同じ日
米合弁のデータでみた場合は，米国企業は日本企業と比べて頻繁に合弁解消
行動をとっていた。この結果から，同じ合弁データにおいては，日本企業が
米国企業よりも THH 的な合弁行動をとるというよりは，むしろ，合弁出
資を継続する傾向があるといえる。

　合弁解消行動にかんしては，日本企業が米国パートナーの保有する合弁株
式を買収するケースがその大部分を占めていた。一方で，日本企業が合弁株
式を売却する，あるいは合弁の清算・破綻によって合弁から撤退するケース
は非常に少ない。これらの特徴も日本市場・日欧合弁における日本企業の合
弁行動でみられた特徴とほぼ同じである。

　また，合弁を完全子会社化する傾向がある日本企業の合弁解消行動は，同
じ日米合弁における米国企業の合弁行動とはまったく逆の内容である。この
日米企業間の合弁解消行動の違いは，第三者の企業がかかわる場合を除けば，
一方の合弁株式の売却が他方の合弁株式の購入となることを考えれば納得で
きるものである。

　以上のことから，日本企業は日本市場・日米合弁においては，合弁への出

資を継続することに加えて，合弁解消の場合は米国パートナーの保有する合弁株式を買収して，合弁組織との関係を継続する傾向があるといえる。このように日本企業が合弁パートナーや合弁組織との関係を継続する要因としては，第6章で論じたように，日本企業が自社の価値創造活動を担う組織として合弁を位置づけていることが推察される。

　さらに，もうひとつ興味深い点は，日米合弁において米国パートナーが当初パートナーまたはそれ以外の企業によって買収される（合弁を含む事業部門の買収を含む）件数が多いことである。このような場合は，本書ではTHH的な（または非THH的な）合弁行動として扱ってはいない。しかし，一方のパートナーが買収されるという出来事が合弁の解消に少なからず影響を与えた可能性は否定できない。われわれのデータでも，他社からの買収あるいは他社との合併によって米国パートナーの企業戦略あるいはその決定主体が変更され，米国パートナーが合弁から撤退したケースがいくつかみられた。このようなケースでは，日本企業が合弁を完全子会社化することが多いようである。つまり，日本企業が合弁株式を買収して合弁を自社の完全子会社とするケースが多い理由のひとつとして，米国パートナー側の戦略やパートナー自体の変更が考えられる。こういった点から，合弁解消のプロセスを分析していくことは，今後の研究課題となるであろう。

　最後に，本章では，産業別のTHH率の違いも明らかになった。装置産業と比較した場合の組立産業における企業のTHH率の高さも，本書の第4章および第5章における分析で得られた発見事実と一致するものである。

補章2　多国籍企業の海外直接投資にかんする理論

1　はじめに

　本書の分析対象である国際合弁については，とくに多国籍企業論や海外直接投資論の分野でさまざまな研究がおこなわれてきた。本章では，それらの中で代表的なものとして，Hymer（1976）とDunning（1979），Johanson & Vahlne（1977）を中心に概観する。

2　Hymer（1976）の研究

　なぜ企業は海外市場で事業活動をおこなうのか？この問いに答えようとした先駆的な研究として，まずHymer（1976）をあげることができる。彼は，同著のベースとなる博士論文（マサチューセッツ工科大学：MIT）において，企業が海外直接投資をおこなう要因を分析し，1960年に学位を取得した。同年にMIT出版局より書籍として公刊される候補となった同論文は，選考委員1名の同意が得られず出版されなかった。しかし，1974年に同氏が自動車事故で39歳の若さで急逝した後，同著の出版が再び審査され，公刊される運びとなった。

　Hymer（1976）は，長期民間資本の国際移動（対外投資）に含まれる，直接投資（direct investment）と証券投資（portfolio investment）を区別した。投資家が外国企業を直接支配する（control）場合は海外直接投資，直接支配しない場合は証券投資（海外間接投資）となる。支配の定義の難しさは彼も指摘しているが，重要なのはこれらの投資を区別する意味である。証券投資については，投資家が利子率の観点からより多くの収益をもたらす国への投

資を選択することが，証券投資の理論で説明されてきた。しかし，直接投資は海外市場の投資対象に対する支配という観点から説明すべきだ，と彼は述べた。直接投資先を支配する要因には，資産運用の安全性の確保という目的も含まれており，これは証券投資の理論の考え方と近い。

　しかし，多国籍企業が直接投資を通じて外国企業を支配する背景には，別の目的もある。それは，当該外国企業とその他の国の企業との競争を排除することや，一定の技術と一定の能力に対する報酬を完全に掌握することである。とくにこれらを目的とする直接投資は，企業の対外事業活動（international operations）と結びついており，証券投資と区別して捉えるべきだと彼は主張した。

　そもそも多国籍企業の海外直接投資では，進出先における現地企業との競争は不利な状況に置かれている。この理由としてHymer（1976）は，多国籍企業にとって海外市場の経済，言語，法律，政治等にかんする情報を入手する難しさや，現地企業を保護する政策・制度，為替リスク等をあげている。

　このように海外市場では現地企業と比べて不利な状況に置かれているにもかかわらず，多国籍企業が海外直接投資をおこなう理由がある，と彼はいう。それは，生産面や流通面にかかわる優位性を多国籍企業が有していることである。この優位性は，他社より低コストで原材料を入手できる能力や，効率的な生産活動をおこなう知識・事業の保持，優れた流通能力，差別化された製品の保持等によって生み出される。多国籍企業はこういった優位性をもとに，本来不利な海外市場でも事業活動をおこない，その市場で一定のシェアを獲得することができる。

　多国籍企業がもつ優位性は，直接投資とは別の形態で海外市場に展開されることもある。とくにHymer（1976）は多国籍企業が海外事業の支配を伴わずに，パートナー企業との連携を通じて自社の優位性を海外市場に展開する技術提携について検討している。しかし，契約に基づいてパートナー企業からライセンス料を得る形の技術提携は，常にうまくいくとは限らない。たとえば，ライセンスを通じてやりとりする知識について，パートナー企業はそ

の内容の詳細を前もって知ることはできないため，これに対する事前評価が困難な状況となる。一方，優位性のある知識を保有する多国籍企業は，知識の内容について十分な情報を有するだけでなく，これを高く評価している。しかも，知識を提供する側の企業は，その技術提携によって自社の優位性を将来失う可能性もあり，そのようなリスクを十分に予測した形で技術提携の契約を結ぶことは難しい。したがって，技術提携をおこなう企業の間で合意することは容易ではない。さらに，現地パートナーの候補が少ない状況では，候補が多い場合よりも多国籍企業の立場が弱くなり，ライセンスの対価や権利等で不利な契約を強いられるおそれもある。こういった技術提携の難しさから，多国籍企業が自社の優位性を海外展開する際は，技術提携よりも自前でおこなう事業形態を選ぶケースがでてくる，と彼は指摘した。

3　Dunning（1979）の研究

　次に，多国籍企業の生産活動を中心とした海外展開の条件を，所有優位性と立地優位性，内部化優位性の視点を含む折衷理論（eclectic theory）で説明したDunning（1979）を見ていこう。彼の議論は，本国の地理的な違いや産業別の特徴の違いにより，多国籍企業の海外直接投資を含む国際事業展開の形態や地域が異なってくることを踏まえておこなわれている。

　まず，折衷理論に含まれる第一の視点である所有優位性（ownership advantages）であるが，これはHymer（1976）が指摘した多国籍企業の優位性と同様のものである。Dunning（1979）によると，所有優位性とは，企業が排他的にあるいは特有のものとして一定の期間保持することができ，多くの場合は無形資産の形をとる。所有優位性は，具体的には企業規模（規模の経済性の実現）や製品差別化，技術的優位性，市場や天然資源へのアクセス（またはそれにかんする知識）等の形であらわれる。このような所有優位性によって，多国籍企業は不利な海外市場においても現地企業との競争に勝ち残ることができる。

　この所有優位性を他社に売却・貸与するよりも，自社が事業活動で利用する方が有利だと判断する場合は，内部化優位性（internalization advantages）があると捉えられている。すでに見たように，たとえば技術や知識を他社と取引する場合は，企業間でその評価や契約をおこなうことは容易ではない。第2章でも述べたように，このような企業間の市場取引の難しさによりパートナー間の交渉や調整，相手の行動の監視などに伴うコスト（取引コスト）は増大する。そうなると海外事業において他社に売却・貸与する形で自社の技術を外部化するよりも，自社が直接手掛ける事業活動で技術を利用して内部化する方が多国籍企業にとって有利な状況となる。

　さらに，海外市場において所有優位性と内部化優位性を現地で得る資源と組み合わせて生産すれば，輸出するより多くの利益を得られる場合は，立地優位性（location specific advantages）があるとされる。海外事業を通じて得られる資源には，天然資源を含む原材料や有能で低コストの人材，当該市場の規模，政策・制度的恩恵（関税，外資投資へのインセンティブ等）等がある。これらの立地優位性は，それ自体の必要性や入手可能性だけでなく，これらと多国籍企業の本国における諸要素の必要性や入手可能性との相対的な関係によっても決まってくる。たとえば，天然資源の少ない日本企業にとっては，天然資源が豊富な他国の企業と比べて，これを獲得できる海外市場での立地優位性が高くなると考えられる。

　以上の所有優位性，立地優位性，内部化優位性の条件がすべて満たされると，企業は海外直接投資を通じて事業活動（生産活動）を手掛けるようになる。このような折衷理論の考え方は，それぞれの優位性の頭文字をとってOLIパラダイムとも呼ばれている。とくに，折衷理論はさまざまな研究者が論じてきた所有優位性，立地優位性，内部化優位性を包括する視角にその特徴があり，その後の多国籍企業にかんする研究に多大な影響を与えた。

　ただし，折衷理論についてはさまざまな限界も指摘されている。その一つが，立地優位性については，海外市場に拠点を立地することで多国籍企業が獲得する，というDunning（1979）の考えである。しかし，海外市場におけ

る顧客の志向や自社ブランドの浸透，現地企業・政府との関係，人事管理の
ノウハウ等は多国籍企業が現地拠点を設立するだけで手に入るとは限らない。
むしろ，多国籍企業が海外市場でこれらの立地優位性を容易に獲得できない
ために，完全子会社よりも，立地優位性を提供できる現地企業との合弁を海
外事業の形態に選ぶことがある。このような面については，立地優位性が特
定国に立地するすべての企業に提供されることが前提になっている折衷理論
では十分説明できない（Hennart, 2012）という批判もある。

　また，立地優位性についてはDunning（1979）も多様な業種分類や国の違
いをもとに分析しているものの，現実はより複雑である。たとえば，所有優
位性が特定の海外市場では有効であるが，別の海外市場ではそうでないこ
ともある。この点についてはDunning（1979）自身も指摘している。しかし，
折衷理論では，たとえば本国や一定の海外市場だけに有効性が限定される知
識・能力を，企業がさらに発展させて，新たな海外市場に適用していくこと
を分析することは折衷理論では難しい。このような問題意識から，組織能力
の海外展開をIKEAの欧州地域への組織能力の移転と，非欧州地域における
新たな組織能力の開発という観点から分析したJonsson & Foss（2011）の研
究も近年見られる。このような限界は，経営学分野で長年論じられてきた，
所有優位性の主要要素である知識や技術，ノウハウ，組織能力の把握・分析
の難しさとかかわっていると思われる。

4　Johanson & Vahlne（1977）の研究

　最後に，多国籍企業がどのような経緯で国際事業を展開していくか，とい
う国際化のプロセスの問題を論じたJohanson & Vahine（1977）を見ていこ
う。彼らは，多国籍企業が事業経験を通じて獲得した知識（経験的知識）が，
海外市場での事業展開に影響を与えることを，以下のようなウプサラ・モデ
ルで示した。まず，彼らはPenrose（1959）の論じた経験的知識（empirical
knowledge）が，市場で購入できる客観的知識（objective knowledge）よりも

移転が難しく，市場獲得が困難である点に着目した。とくに彼らは多国籍企業が海外市場において顧客のニーズや購買行動等の市場知識を持たないことが，当該市場へ参入する初期段階にボトルネックになると捉えている。また，海外事業を通じて市場知識を獲得した多国籍企業は，現地市場にかんする機会やリスクを把握できるようになり，海外事業へのさらなる資源投入をおこなうようになる。具体的には，多国籍企業は不定期な輸出から定期的な輸出，販売子会社，生産子会社へと海外事業の形態を変化させる過程で，海外事業への関与の度合い（コミットメント）を高めていく。このような海外事業にかんする経験的知識の蓄積とコミットメントの高まりという流れの中で多国籍企業が国際化するパターンを，彼らは海外事業の連鎖（establishment chain）と呼んだ。

　また，Johanson & Vahlne（1977）によると，海外事業の連鎖は，多国籍企業の本国と海外市場との間の言語や文化，政治システムの違い等にも影響を受ける。とくに本国と現地市場との間の情報の流れを阻害する諸要因を市場間の心理的距離（psychic distance）と呼び，多国籍企業は心理的距離が近い国から進出する，と彼らは指摘した。加えて，多国籍企業にかんする新たな動向・理論を踏まえたJohanson & Vahlne（2009）では，多国籍企業が進出国における現地アクター（顧客やサプライヤー，競合企業等）との関係構築も海外事業の連鎖に影響すると述べている。多国籍企業は海外事業に資源・時間を投入することを通じて，現地アクターとの信頼関係を構築していく。その過程で，多国籍企業は現地アクターが構成するビジネスネットワークの中で外部者（outsider）から内部者（insider）へと変わっていく。このようなプロセスを通じて多国籍企業は次第に現地の市場知識を獲得し，さらに海外事業を展開していくようになる，と彼らは延べている。

　上記のウプサラ・モデルに従えば，海外市場にかんする知識を蓄積した多国籍企業は，海外子会社の出資形態として合弁ではなく完全子会社を選択する可能性が高くなる。実際に，Li and Meyer（2009）によると台湾企業（エレクトロニクス産業）のEUや日本・韓国等への直接投資では，海外直接投資

の経験が長い企業では完全子会社を選ぶ傾向が見られた。ただし，同じ台湾企業でもインドネシアやタイ等の新興国への直接投資では，このような海外直接投資の形態を選ぶ傾向が見られなかったことも彼らは指摘している。さらに，Jung *et al.*（2010）によると，日本企業の海外直接投資では，各海外子会社の操業年数の合計が多い企業ほど合弁形態を選択する傾向も見られた。彼らはこの要因として，国際経験を通じて多国籍企業が合弁パートナーとのコミュニケーション能力を高めることを指摘している。これらの分析結果は，ウプサラ・モデルが前提としたような，海外市場にかんする知識の蓄積が，投入資源がより多い海外事業の形態の選択に必ずしも結びつかないことを示唆している。よって，海外事業形態の選択には多国籍企業の国際経験等の要因が複合的にかかわっており，合弁や完全子会社が選ばれるメカニズムについては，さらに検討する余地があるといえよう。

【付記】 本書は，以下の論文（引用文献の詳細は参考文献の頁を参照）と研究
　　　　発表にもとづいている。

〈論　文〉

パイロット分析　Ishii and Hennart（2005；2006a；2006b），石井・ヘナート
　　（2006）
第1章　石井（2010），石井・ヘナート（2010）
第2章　石井（2009b），一連の論文に含まれる文献レビュー
第3章　石井（2009a），一連の論文に含まれる分析枠組み・操作仮説
第4章　Ishii and Hennart（2008c；2009b），石井・ヘナート（2010）
第5章　Ishii and Hennart（2007a；2008a），石井・ヘナート（2009），石井
　　（2010）
補章1　石井（2007），Ishii and Hennart（2007b；2008a；2009a），Hennart and
　　Ishii（2007），石井・ヘナート（2008）
補章2　石井（2020）

〈研究発表〉

"Comparative evolution of Japanese-European joint ventures in Japan and
　　Europe," 36th annual conference of European International Business Acad-
　　emy, competitive paper session, University of Valencia, Valencia, Spain, 13
　　-15 December 2009.
"Do Japanese use Japanese-European JVs as Trojan horses in foreign mar-
　　kets," 16th international conference of MOPAN（Multi-organizational part-
　　nerships, alliances and networks）, National University of Ireland, Dublin,
　　Ireland, 19 June 2009.
"Evolution of Japanese partnership behavior in Japanese-European joint
　　ventures in the EU: A test of the Trojan horse hypothesis," 34th annual
　　conference of European International Business Academy, competitive paper
　　session, University of Tallinn, Tallinn, Estonia, 12 Dec. 2008.
"Japanese partnership behavior in Japanese-European joint ventures in Eur-
　　ope," Department seminar（external speaker series）, Department of Organi-
　　zation and Strategy, University of Tilburg, Tilburg, The Netherlands, 3 Sep.
　　2008.
「日本企業の国際合弁におけるパートナーシップ行動―トロイの木馬仮説
　　（THH）の検討」加護野忠男教授還暦記念コンファレンス（於神戸大学，
　　2008年8月24日）
"Are joint ventures between Japanese and Western firms vehicles for innova-

tion and change or zero-sum learning races? : A test of the Trojan horse hypothesis," 15th international conference of MOPAN (Multi-organizational partnerships, alliances and networks), Suffolk University, Boston, U. S. A., 27 June 2008.

"Evolution of Japanese partnership behavior in Japanese-European joint ventures in the EU : A test of the Trojan horse hypothesis," 33rd annual conference of European International Business Academy, competitive paper session, University of Catania, Catania, Italy, 7 Dec. 2007.

"Japanese partnership behavior in Japanese-European joint ventures in Japan," 日本経営学会関西部会英語セッション（於関西学院大学，2007年11月17日）

「日本企業の国際合弁行動—トロイの木馬仮説の批判的検討—」2008年度組織学会年次大会（於九州大学，2007年10月14日）

"Preliminary analysis of Japanese-European joint venture dissolution patterns in Japan," 14th international conference of MOPAN (Multi-organizational partnerships, alliances and networks), Katholieke Universitait van Leuven, Leuven, Belgium, 28 June 2007.

「日本企業の国際合弁行動に関する実証研究—コア・コンピタンス論におけるトロイの木馬仮説の批判的検討—」社会科学国際フェローシップ新渡戸/木川田/牛場フェロー在外研究報告会（於国際文化会館，2007年4月3日）

"Are joint ventures Trojan horses to open foreign markets? : The evolution of US-Japanese joint ventures in Japan," Department seminar, Department of Organization and Strategy, University of Tilburg, Tilburg, The Netherlands, 17 Nov. 2006.

"Does the evolution of US-Japanese joint ventures in the Japanese electrical equipment industry support the Trojan horse theory of joint ventures?," 12th international conference of MOPAN (Multi-organizational partnerships, alliances and networks), University of Glamorgan, Cardiff, UK, 23 June 2005.

"Joint venture behavior of Japanese firms in the international joint ventures : Evidences from pilot research of Japanese-US joint ventures of electric appliance industry in Japan," International business seminar, Department of Management, University of Melbourne, Melbourne, Australia, 11 May 2005.

《参考文献》

〈日本語文献〉

浅沼萬里（1997）『日本の企業組織 革新的適応のメカニズム』東洋経済新報社。

石井真一（2003）『企業間提携の戦略と組織』中央経済社。

石井真一（2007）「日本企業の国際合弁行動―トロイの木馬仮説の批判的検討―」『2008年度組織学会年次大会報告要旨集』九州大学，2007年10月14日，131-138頁。

石井真一・ジョン・フランソワ・ヘナート（2009）「日本市場における欧州企業の国際合弁パートナーシップ」『経営研究』第59巻第4号，205-217頁。

石井真一（2009a）「トロイの木馬仮説の実証分析に向けた操作仮説の構築」『経営研究』第60巻第1号，21-33頁。

石井真一（2009b）「トロイの木馬仮説の意義と限界」『経営研究』第60巻第2号，37-55頁。

石井真一（2010）「日本企業の国内合弁におけるパートナーシップ行動」『経済経営論集』第51巻第2号。

石井真一（2020）「国際レプリケーション研究の意義と課題」『経営研究』第71巻第2号，頁未定。

石井真一・ジョン・フランソワ・ヘナート（2006）「日米合弁におけるトロイの木馬仮説の検証―日本市場の電機産業の分析―」『経営研究』第56巻第4号，215-226頁。

石井真一・ジョン・フランソワ・ヘナート（2008）「日本市場・日米合弁における米国企業の国際合弁行動―THH分析の予備的検討―」『経営研究』第59巻第1号，21-32頁。

石井真一・ジョン・フランソワ・ヘナート（2009）「日本市場における欧州企業の国際合弁パートナーシップ」『経営研究』第59巻4号，205-218頁。

石井真一・ジョン・フランソワ・ヘナート（2010）「海外市場・日欧合弁における日欧企業のパートナーシップ行動」『経営研究』第60巻4号（近刊予定）。

石川伊吹（2006）「資源ベースの戦略論における競争優位の源泉と企業家の役割―オーストリア学派の資本理論と企業家論からのアプローチ」『立命館経営学』第45巻第4号，196-222頁。

伊丹敬之（1980）『経営戦略の論理』日本経済新聞社。

伊丹敬之（1984）『新経営戦略の論理』日本経済新聞社。

牛丸 元（2007）『企業間アライアンスの理論と実証』同文舘出版。

大阪市立大学経済研究所編（1992）『経済学辞典（第3版）』岩波書店。

大原 亨（2009）「成熟企業の事業転換プロセス―ブラザー工業の事業転換の事例による―」『一橋研究』第34巻第1号，1-17頁。

大森 信・松本雄一（2003）「経営資源とコア・コンピタンス」加護野忠男編『企業の戦略』八千代出版，79-101頁。

加護野忠男・角田隆太郎・山田幸三・上野恭裕・吉村典久（2008）『取引制度から読みとく現代企業』有斐閣アルマ。

宍戸善一・草野 厚（1988）『国際合弁』有斐閣。

鈴木一意（1925）『社交用語の字引：新しい言葉・通な言葉・故事熟語』，実業之日本社。

清水 剛（2001）『合併行動と企業の寿命―企業行動への新しいアプローチ―』有斐閣。

小学館国語辞典編集部（2001）『日本国語大辞典（第二版・第五巻）』小学館。

末永國紀（2000）『近江商人』中公新書。

竹田志郎（1996）「日本企業の国際提携解消に関する一考察」『横浜経営研究』第17巻第 1 号，33-41頁。

東洋経済新報社『海外進出企業総覧』（1988年度版〜2009年度版）。

東洋経済新報社『外資系企業総覧』（1988年度版〜2009年度版）。

中橋國蔵（1994）「経営資源と独自能力」『商大論集』第45巻第 4 号，113-141頁。

西口敏宏（2000）『戦略的アウトソーシングの進化』東京大学出版会。

西村賀子（2005）『ギリシア神話：神々と英雄に出会う』中公新書。

野中郁次郎（1990）「戦略提携序説―組織間知識創造と対話―」『一橋ビジネスレビュー』 第38巻第 4 号，1 -14頁。

萩原愛一（2003）「対日直接投資促進をめぐる動向」『国立国会図書館 ISSUE　BRIEF』 Number 430，国立国会図書館。

真鍋誠司・延岡健太郎（2002）「ネットワーク信頼の構築―トヨタ自動車の組織間学習シ ステム」『一橋ビジネスレビュー』第50巻第 3 号，184-193頁。

森田優三・久次智雄（1993）『新統計概論（改訂版）』日本評論社。

森田優三・久次智雄（1994）『スタディガイド・新統計概論』日本評論社。

和田充夫・青井倫一・矢作恒雄・嶋口充輝（1989）『リーダー企業の興亡』ダイヤモンド 社。

吉原英樹・佐久間明光・伊丹敬之・加護野忠男（1981）『日本企業の多角化戦略』日本経 済新聞社。

〈英語文献〉

Auster, E. (1987) International corporate linkages : Dynamic forms in changing environments, *Columbia Journal of World Business*, 22 (2), pp. 3-6.

Badaracco, J. L. (1991) *The knowledge link : How firms compete through strategic alliance*, Boston, MA : Harvard Business School Press.（『知識の連鎖―企業成長の ための戦略同盟』中村元一・黒田哲彦訳，ダイヤモンド社，1991年）

Coase, R. H. (1937) *The nature of the firm, Economica*, n. s., 4, November, pp. 386-405. （宮沢健一・後藤　晃・藤垣芳文訳「企業の本質」『企業・市場・法』第二章，東洋経 済新報社，39-64頁，1992年）

Dunning, J. H. (1979) Explaining changing patterns of international production: In defence of the eclectic theory, *Oxford Bulletin of Economics and Statistics*, 41(4), pp. 269-295.

Dyer, J. H. and K. Nobeoka (2000) Creating and managing a high-performance knowledge-sharing network : The Toyota case, *Strategic Management Journal*, 21 (3), pp. 345-367.

Dyer, J. H. and H. Singh (1998) The relational view : Cooperative strategy and sources of interorganizational competitive advantage, *Academy of Management Review*, 23 (4), pp. 660-679.

Glaser, B. G. and A. L. Strauss (1967) *Discovery of grounded theory : Strategies for qualitative research*, Chicago : Aldine.（後藤　隆・水野節夫・大出春江訳『データ対 話型理論の発見―調査からいかに理論をうみだすか』新曜社，1996年）

Hamel, G. (1991) Competition for competence and interpartner learning within inter- national strategic alliances, *Strategic Management Journal*, 12, pp. 83-103.

Hamel, G., Y. L. Doz, and C. K. Prahalad (1989) Collaborate with your competitors and win, *Harvard Business Review*, 67 (1), pp. 133-139.

Hamel, G. and C. K. Praharad (1994) *Competing for the future*, Boston, MA : Harvard Business School Press. (『コアコンピタンス経営―大競争時代を勝ち抜く経営戦略』一條和生訳, 日本経済新聞社, 1995年)

Harrigan, K. R. (1988a) Strategic alliances and partner asymmetries, in : Contractor, F. and P. Lorange eds., *Cooperative strategies in international business*, Lexington : Lexington Books, pp. 205-226.

Harrigan, K. R. (1988b) Joint ventures and competitive strategy, *Strategic Management Journal*, 9, pp. 141-158.

Hennart, J.-F. (1988) A transaction cost theory of equity joint ventures, *Strategic Management Journal*, 9 (4), pp. 361-374

Hennart, J.-F., T. Roehl, and D. S. Zietlow (1999) Trojan Horse' or 'Workhorse'? The evolution of US-Japanese joint ventures in the United States, *Strategic Management Journal*, 20, pp. 15-29.

Hennart, J.-F., and S. Ishii (2007) Do Japanese firms use joint ventures to steal knowledge from their American partners? An examination of the evolution of Japanese-US joint ventures in Japan, *Proceedings of 33ʳᵈ Annual conference of European International Business Academy* (CD-ROM), 13-15 December 2007, Catania, Italy.

Hennart, J.-F. and Zeng, M. (2005) Structural determinants of joint venture performance, *European Management Review*, 2, pp. 105-115.

Hennart, J.-F. (2012) "Emerging Market Multinationals and the Theory of the Multinational Enterprise," *Global Strategy Journal,* 2 (3), pp. 168-187.

Hymer, S. H. (1976) *The International Operations of National Firms*, Cambridge: MIT Press. (宮崎義一編訳『多国籍企業論』岩波書店, 1979年)

Inkpen, A. (2000) A note on the dynamics of learning alliances : Competition, cooperation, and relative scope, *Strategic Management Journal*, 21 (7), pp. 775-780.

Ishii, S. (2008) New product development beyond internal projects: A case of joint new product development, in : T. Hara, N. Kanbayashi and N. Matsushima eds., *Industrial Innovation in Japan*, London : Routledge, pp. 137-156.

Ishii, S. and J.-F. Hennart (2006a) Does the evolution of US-Japanese joint ventures in the Japanese electrical equipment industry support the Trojan horse theory of joint ventures?, in : G. Nicholas eds., *Engagement*, pp. 281-289, Devon : Short Run Press.

Ishii, S. and J.-F. Hennart (2006b) Japanese partnership behavior in US-Japanese joint ventures in the Japanese electrical equipment industry, *Osaka City University Business Review*, 17, pp. 13-22.

Ishii, S. and J.-F. Hennart (2007a) Preliminary analysis of Japanese-European joint venture dissolution patterns in Japan, *Paper presented at the 14ᵗʰ International Conference of MOPAN (Multi-Organizational Partnerships, Alliances & Networks)*, 28-29 June 2007, Katholieke Universiteit van Leuven, Belgium.

Ishii, S. and J.-F. Hennart (2007b) Evolution of American shareholding in American-

Japanese joint ventures in Japan : Design, sample and preliminary results of the THH study, *Osaka City University Business Review*, 18, pp. 1-26.

Ishii, S. and J.-F. Hennart (2008a) Evolution of European stakes in European-Japanese joint ventures in Japan, *OCU business review*, 19, 1-12.

Ishii, S. and J.-F. Hennart (2008b) Are joint ventures between Japanese and Western firms vehicles for innovation and change or zero-sum learning races? A test of the Trojan horse hypothesis, *Unpublished working paper presented at 15th International conference of MOPAN (Multi-organizational partnerships, alliances and networks)*, 25-27th June 2009, Boston : Suffolk University.

Ishii, S. and J.-F. Hennart (2008c) Evolution of Japanese partnership behavior in Japanese-European joint ventures in the EU : A test of the Trojan horse hypothesis, *Paper presented at the 35th Annual Conference of European International Business Academy*, University of Tallinn, 11-13 December 2008, Tallinn, Estonia.

Ishii, S. and J.-F. Hennart (2009a) Are joint ventures between Japanese and Western firms vehicles for innovation and change or zero-sum learning races? A test of the Trojan horse hypothesis, *OCU business review*, 20, 1-14. (Ishii and Hennart (2008b) の修正版)

Ishii, S. and J.-F. Hennart (2009b) Do Japanese use Japanese-European JVs as Trojan horses in foreign markets, *Working paper presented at 16th International conference of MOPAN (Multi-organizational partnerships, alliances and networks)*, 17-20 June 2009, National University of Ireland, Dublin.

Ishii, S. and J.-F. Hennart (2009c) Comparative evolution of Japanese-European joint ventures in Japan and Europe, *Conference proceedings of 36th Annual conference of European International Business Academy* (CD-ROM), University of Valencia, Valencia, Spain, 13-15 December 2009.

Itami, H. (1987) *Mobilizing invisible assets*, Cambridge, MA : Harvard University Press.

Johanson, J. and J. E. Vahlne (1977) The international process of the firm: A model of knowledge development and increasing foreign market commitments, *Journal of International Business Studies*, 8 (1) , pp. 23-32.

Johanson, J. and J. E. Vahlne (2009) "The Uppsala Internationalization Process Model Revisited: From Liability of Foreignness to Liability of Outsidership," *Journal of International Business Studies*, 40 (9), pp. 1411-1431.

Jonsson, A. and N. J. Foss (2011) International expansion through flexible replication: Learning from the internationalization experience of IKEA, *Journal of International Business Studies*, 42, pp. 1079-1102.

Jung, J. C., P. W. Beamish and A. Goerzen (2010) "Dynamics of Experience, Environment and MNE Ownership Strategy," *Management International Review*, 50 (3), pp. 267-296.

Kale, P., H. Singh, and H. Perlmutter (2000) Learning and protection of proprietary assets in strategic alliances : Building relational capital, *Strategic Management Journal*, 21, pp. 217-237.

Khanna, T. (1998) The scope of alliance, *Organization Science*, 9 (3), pp. 340-355.

Killing, J. P. (1982) How to make a global joint venture work, *Harvard Business*

Review, May-June, pp. 120-127.

Kogut, B. (1988) Joint ventures: Theoretical and empirical perspectives, *Strategic Management Journal*, 9 (4), pp. 319-332.

Lane, P. J. and M. Lubatkin (1998) Relative absorptive capacity and interorganizational learning, *Strategic Management Journal*, 19, pp. 461-477.

Lane, P., J. E. Lane and M. A. Lyles (2001) Absorptive capacity, learning, and performance in international joint ventures, *Strategic Management Journal*, 22, pp. 1139-1161.

Larsson, R., L. Bengtsson, K. Henriksson, and J. Sparks (1998) The interorganizational learning dilemma : Collective knowledge development in strategic alliances, *Organizational Science*, 9 (3), pp. 285-305.

Li, P. -Y. and K. E. Meyer (2009) "Contextualizing Experience Effects in International Business: A Study of Ownership Strategies," *Journal of World Business*, 44 (4), pp. 370-382.

Mowery, D., J. Oxley, and B. Silverman (1996) Strategic alliances and interfirm knowledge transfer, *Strategic Management Journal*, Vol. 17, pp. 77-91.

Oxley, J. and T. Wada (2006) Licenses and joint ventures as knowledge acquisition mechanisms : Evidence from US-Japan alliances, in : Ariño, A. and J. Reuer eds., *Strategic alliances : Governance and contracts*, NY : Palgrave Macmillan, pp. 77-87.

Park, S. and G. Ungston (1991) The effect of national culture, organizational complementarity, and economic motivation on joint venture dissolution, *Academy of Management Journal*, 40 (2), pp. 279-307.

Penrose, E. T. (1959) *The theory of the growth of the firm*, Oxford : Basil Blackwell. (末松玄六訳『会社成長の理論』〈第 2 版〉ダイヤモンド社，1980年)

Peterson, R. B. and J. Y. Shimada (1978) Sources of management problems in Japanese-American joint ventures, *Academy of Management Review*, 3, pp. 796-804.

Praharad, C. K. and G. Hamel (1990) Core competence of the corporation, *Harvard Business Review*, May-June, pp. 71-91. (坂本義美訳『競争力分析と戦略的組織構造によるコア競争力の発見と開発』，ダイヤモンド・ハーバード・ビジネスレビュー，8 - 9 月，1990年，4 -19頁)

Pucik, V. (1988a) Strategic alliances, organizational learning, and competitive advantage: The HRM agenda, *Human Resource Management*, 27, pp. 77-93.

Pucik, V. (1988b) Strategic alliances with the Japanese : Implications for human resource management, in : Contractor, F. and P. Lorange eds., *Cooperative Strategies and Alliance*, London : Elsevier, pp. 487-498.

Reich, R. and E. Mankin (1986) Joint ventures with Japan give away our future, *Harvard Business Review*, 64, pp. 78-86.

Sako, M., Helper, S. (1999) Supplier Relations and Performance in Europe, Japan and the US : The Effect of the Voice/Exit Choice, in : Lung, Y., Chanaron, J. J., Fujimoto, T., Raff, D. M. G. eds., *Coping with Variety : Product Variety and Productive Organisations in the World Automotive Industry*, Ashgate, 1999.

Saxton, T. (1997) The effects of partner and relationship characteristics on alliance outcomes, *Academy of Management Journal*, 40, pp. 443-461.

Turpin, D. (1993) Strategic alliances with Japanese firms : Myths and realities, *Long range planning*, 26 (4), pp. 11-15.

Tucci, C. L. and M. A. Cusumano (1994) Benefits and pitfalls of international strategic technology alliances, *Sloan School of Management Working Paper*, #110-94, July.

Zeng, M. and Hennart, J.-F. (2002) From learning race to cooperative specialization, in : Contractor, F. and P. Lorange eds., *Cooperative strategies and alliances*, London : Elsevier, pp. 189-210.

Williamson, O. E. (1975) *Markets and hierarchies*, New York : The Free Press. (浅沼萬里訳『市場と企業組織』日本評論社, 1980年)

〈ホームページ資料〉

財務省資料「『国際収支統計』」における本邦対外資産負債残高の推移(暦年末)」(http://www.mof.go.jp/bpoffice/bpdata/zandaka.htm)。

各企業のホームページ

索　　引

著者紹介

〈略　　歴〉

石井　真一（いしい　しんいち）

大阪市立大学大学院経営学研究科教授　博士（経営学）

1970年　香川県三豊郡高瀬町（現在の三豊市）に生まれる

2000年　神戸大学大学院経営学研究科博士課程後期課程修了

客員研究員：University of Tilburg, University of Melbourne, University of Auckland, Purdue University

専門分野：経営組織論，戦略論，国際経営論

〈主要業績〉

『企業間提携の戦略と組織』（中央経済社，2003年）

『1からの経営学』第10章（加護野忠男・吉村典久編，碩学社，2006年）
　分担執筆

Industrial innovation in Japan, Ch. 8 (Routledge, London, T. Hara, N. Kanbayashi and N. Matsushima Ed., 2008)

Research on knowledge, innovation and internationalization, Ch. 7 (co-authored, Emerald Group Publishing, Bingley, J. Larimo and T. Vissak Ed., 2009)

「国際協働のマネジメント：欧米におけるトヨタの製品開発」（千倉書房，2013年）

日本企業の国際合弁行動　増補版
——トロイの木馬仮説の実証分析——

2020年6月15日　増補版第一刷

著　者　石　井　真　一
発行者　千　倉　成　示

発行所　㈱千倉書房
〒104-0031東京都中央区京橋2-4-12
電　話・03（3273）3931㈹
https://www.chikura.co.jp/

©2020石井真一，Printed in Japan
印刷・製本／藤原印刷株式会社
ISBN978-4-8051-1208-3 C3034